BusinessWeek

GLOBALIZAÇÃO

Nosso objetivo é publicar obras com qualidade editorial e gráfica.
Para expressar suas sugestões, dúvidas, críticas e eventuais reclamações
entre em contato conosco.

CENTRAL DE ATENDIMENTO AO CONSUMIDOR
Rua Pedroso Alvarenga, 1046 • 9º andar • 04531-004 • São Paulo • SP
Fone: (11) 3706-1466 • Fax: (11) 3706-1462
www.editoranobel.com.br
atendimento@editoranobel.com.br

É PROIBIDA A REPRODUÇÃO

Nenhuma parte desta obra poderá ser reproduzida, copiada, transcrita
ou mesmo transmitida por meios eletrônicos ou gravações, sem
a permissão, por escrito, do editor. Os infratores serão punidos
de acordo com a Lei nº 9.610/98.

Este livro é fruto do trabalho do autor e de toda uma equipe editorial. Por favor, respeite nosso trabalho: não faça cópias.

BusinessWeek

GLOBALIZAÇÃO
As regras do jogo

Como os altos executivos e suas empresas
multinacionais atingiram o topo

Metas, conselhos e planos de jogo para
quem quer acesso privilegiado à informação

Publicado originalmente sob o título *Global Business Power Plays*
Copyright © 2008 by McGraw-Hill Companies, Inc. All rights reserved.
Direitos da edição brasileira copyright © 2008 de Nobel Franquias S.A.
Todos os direitos reservados.
(Nobel é um selo editorial da Nobel Franquias S.A.)

Publicado em 2009

Tradução Nelson Alessio

Dados Internacionais de Catalogação na Publicação (CIP)
(Câmara Brasileira do Livro, SP, Brasil)

Globalização: as regras do jogo – como os altos executivos e suas empresas multinacionais alcançaram o topo / BussinessWeek / tradução: Nelson Alessio
– São Paulo: Nobel, 2009.

Título original: Global Business power plays: how the masters of international enterprise reach the top of their game
Bibliografia
ISBN 978-85-213-1439-4

1. Administração de empresas 2. Globalização – Estudos de casos
3. Tecnologia de informação – Estudo de casos I. Businessweek

08-06833   / CDD-658.514
                                            -658.4062

Índices para catálogo sistemático:
1. Globalização : Administração de empresas:
    Estudo de casos   658.514
2. Tecnologia e inovação: Gestão: Administração de empresas:
    Estudo de casos 658.4062

INTRODUÇÃO	POR STEPHEN J. ADLER, Editor da *BusinessWeek*	7
1	CHINA.NET: Desencadeando um mundo de oportunidades	11
2	RATAN TATA: De um conglomerado demasiado grande a uma força internacional ágil	21
3	BERTELSMANN: Despachando a velha mídia para a extinta União Soviética	29
4	EUROPA: Ela pode crescer novamente?	37
5	ESTADOS UNIDOS: Uma nação hispânica	45
6	HUAWEI: Mais que um herói local	63
7	COLÔMBIA: Investimento extremo	71
8	TOYOTA: Reiventando a indústria automobilística	87
9	PLANETA STARBUCKS: Torne-se global, cresça rapidamente	99
10	GRUPO OTTO: A potência modesta	111
11	TOSHIBA: Mantendo as inovações fora do alcance dos rivais	117
12	FERDINAND K. PIËCH: Apertando o controle na VW	123
	TENDÊNCIAS: O futuro da tecnologia	129
	FONTES	141
	COLABORADORES	143

INTRODUÇÃO

Os leitores da *BusinessWeek* contam-nos como suas vidas profissionais tornaram-se agitadas e quão importante para eles é obter notícias, informações e idéias sobre o mundo dos negócios, que lhes sejam apresentadas de uma maneira concisa e confiável. Fazemos isso todas as semanas em nossa revista e, todos os dias, no site businessweek.com. No entanto, também sabemos que homens e mulheres de negócios precisam aprofundar-se em áreas que lhes ajudarão a administrar com mais eficácia. Esta é a razão pela qual criamos a série Regras do Jogo em colaboração com a McGraw-Hill Professional Books. Cada livro da série inspira-se em reportagens publicadas na *BusinessWeek* sobre como líderes excepcionais enfrentam desafios estratégicos vindos de diversos lados.

Os capítulos dos livros da série Regras do Jogo tratam de situações da vida real, nas quais as melhores práticas são adotadas em empresas grandes e pequenas. Para tornar a narrativa mais útil, refinamos as informações de maneira a tornar ainda melhor seu desempenho no complexo ambiente de negócios atual. Essas informações são apresentadas em segmentos de fácil assimilação: "Plano de Aula", que sistematiza os pontos-chaves do caso em foco; "A Grande Jogada", que oferece aconselhamento tático sobre como administrar as mudanças, e "Manhã de segunda-feira" que tem foco em estratégias para o sucesso e para a manutenção de sua progressiva evolução.

O volume da série Regras do Jogo que você está lendo focaliza os negócios globalizados de várias perspectivas. A internet está explodindo na China, criando novas oportunidades assim como um grande número de novos competidores ágeis. Ratan Tata está transformando o maior e mais venerado conglomerado da Índia em uma força capaz de lutar com os maiores jogadores mundiais. Bertelsmann, ao mesmo tempo, espera repetir seu sucesso no mercado de clubes do livro com incursões novas em economias em desenvolvimento, como a da Ucrânia. Na União Européia, diversos líderes governamentais estão finalmente promovendo políticas para estimular inovações e para ajudar os empreendedores a despontar. Nos Estados Unidos, o poder de compra dos latinos está mudando profundamente os mercados, gerando oportunidades para as empresas que sabem lidar com consumidores com preferências complexas.

Na China, Huawei, a gigante tecnológica, constrói sua presença nas telecomunicações globais por meio de parcerias cuidadosas. A Colômbia é um dos mercados emergentes de maior risco, mas, a excursão de nossos repórteres por lá demonstra porque o crescimento econômico e o forte desempenho do mercado de ações parecem sustentáveis. Em dois estudos de caso examinamos os elementos mais recentes da busca mundial por excelência da Toyota e mostramos como a Starbucks continua a conquistar mercados globais, mesmo onde a cultura do café já é forte. O Grupo Otto, da Alemanha, mantém uma disciplinada estratégia on-line, que lhe permite evitar os tropeços de uma safra anterior de *dot.com* nos Estados Unidos. A Toshiba mostra como evitar a vulgarização por meio da manutenção zelosa das inovações fora do alcance de suas rivais. Nós entramos na Volkswagen para dar uma olhada em seus esforços para impor disciplina financeira e criar uma cultura regida pelo desempenho.

No fechamento deste livro da série Regras do Jogo, apresentamos uma visão mais panorâmica da tecnologia em diversos países emergentes. Os próximo um bilhão de consumidores do setor serão cidadãos da China, Índia, Brasil e outros países em rápido crescimento. Chegar até eles servirá como teste do talento de administradores como você.

Uma observação sobre estes estudos de caso: foram retirados de reportagens da *BusinessWeek* e, portanto, são instantâneos no tempo. Todos os esforços foram dispendidos para atualizá-los, mas alguns dos personagens e das circunstâncias sobre os quais as matérias foram baseadas mudaram desde que os artigos foram escritos. De qualquer forma, acreditamos que as narrativas resistem ao teste do tempo e permanecem esclarecedoras e repletas de lições valiosas para o desenvolvimento de jogadores de sucesso.

Na *BusinessWeek*, diversas pessoas contribuíram com idéias e estudos de caso para este livro, incluindo Spencer E. Ante, Michael Arndt, Robert Berner,

Peter Burrows, Michelle Conlin, Gail Edmondson, Jay Greene, Steve Hamm, Mara Der Hovanesian, Louise Lee, Tom Lowry, Carol Matlack, Stanley Reed, Andy Reinhardt, Ian Rowley, Emily Thornton, Rachel Tiplady, Hiroko Tashiro e Stanley Weber. Frank Comes, Jamie Russel, Jessica Silver-Greenberg e Graig Sturgis desenvolveram a série com Mary Glenn e Ed Chupak, nossos colegas da companhia irmã, McGraw-Hill Professional. Os comentários foram providos por Pamela Kruger. Nossos agradecimentos especiais a Ruth Mannino pela sua excelente orientação no design e na produção editorial.

Stephen J. Adler
Editor da revista *BusinessWeek*

CHINA.NET: DESENCADEANDO UM MUNDO DE OPORTUNIDADES

JOGADOR

O tamanho importa. A China, nem que seja apenas em razão de sua enorme população, será inevitavelmente um jogador dominante na internet. Mesmo gigantes tecnológicos, como a eBay e a Amazon, reconhecem que devem penetrar no mercado chinês se querem continuar a prosperar.

Esta reportagem de capa, de março de 2004 sobre a Ásia, foi feita por Bruce Einhorn.

PLANO DE AULA

Criar um plano agressivo para conquistar um número crescente de usuários da Web na China, projetando e fazendo o marketing de tecnologia nova tendo em mente essa população.

Estar à espreita de produtos novos e inovadores que surjam em mercados emergentes.

Aplicar as melhores práticas de negócio utilizadas pelas *blue chips*, quando lançar *start-ups* no exterior com o objetivo de maximizar as chances de sucesso.

DEIXE QUE OUTROS NOS COPIEM

Ao longo de anos, a Kingsoft Corp., da China, esforçou-se para fazer dinheiro vendendo softwares de uso pessoal. Apesar de seus produtos serem populares, a empresa não conseguia que os consumidores pagassem por eles em razão da pirataria crescente. Então, em 2003, a empresa com sede em Zhuhai, cidade do sul da China, mudou seu foco para a internet.

Em setembro de 2003, a Kingsoft lançou o Sword Online, um jogo divertido que permite que os jogadores criem seus próprios personagens, celebrem pactos cibernéticos e enfrentem agressores virtuais. O novo negócio está decolando: em apenas seis meses mais de 1,7 milhão de pessoas fizeram assinaturas, pagando US$ 4,20 por mês ou US$ 1,20 por 25 horas. A Kingsoft tem a expectativa de que o sucesso do jogo ajude-a a duplicar sua receita nesse ano para cerca de US$ 20 milhões, expandindo para outros mercados asiáticos e tornando-se uma empresa inovadora de classe mundial em *games* on-line. "Queremos ser os pioneiros", diz Oliver Wang, diretor de tecnologia da Kingsoft. "Deixe que os outros nos copiem."

Esse tipo de sonho pode parecer extravagante, mas os *dot.commers* chineses têm boas razões para pensar grande. A internet na China está crescendo rapidamente. Mais de 22 milhões de *newbies* apinharam-se na Web em 2003, elevando o número total de chineses on-line para 80 milhões (números de 2004). Isto faz a China ser a segunda colocada, ficando atrás apenas dos Estados Unidos em usuários da internet – e o Reino do Meio não permanecerá como número dois por muito tempo. A China deve ultrapassar os Estados Unidos, alcançando 153 milhões de chineses on-line, segundo estimativas do banco de investimento Piper Jaffray & Co. O crescimento está sendo conduzido por vários fatores, incluindo uma economia forte que tem permitido que os consumidores comprem computadores pessoais e a oportunidade dos provedores da Net de contornar a rígida censura do governo chinês. "A internet está crescendo como louca, aqui", diz Craig Watts, diretor administrativo da Norson Telecom Consulting, em Pequim.

O público em expansão desencadeou um nível de atividade redobrado em meses recentes, que lembra Sillicon Valley no final da década de 1990. Empresas locais, como a Kingsoft, estão entrando na Net, apostando nas oportunidades promissoras à frente. As empresas estrangeiras na Web, incluindo Yahoo! Inc. e eBay Inc., estão fazendo aquisições para expandir suas operações no país. Empreendedores de todo o mundo abrem lojas na Net da China. Eles vão de Peggy Yu, com 38 anos e com MBA da Universidade de Nova York, que dirige o que ela espera venha a tornar-se a Amazon.com Inc. da China, a Li

Ka-shing, o bilionário de Hong Kong, cujo portal na internet, Tom Online Inc., deve atrair algo como US$ 200 milhões em uma oferta pública inicial marcada para este mês.

Os investidores estão do mesmo modo excessivamente entusiasmados pelo mercado. Sina Corp., o maior portal da Net na China, viu o valor de suas ações multiplicar-se por oito ao longo do ano passado, chegando a US$ 45,00. Após a forte oferta pública inicial do site de viagens Ctrip.com em dezembro, numerosas empresas, como Tom Online, estão fazendo fila para vender suas ações a um público ávido. Uma das melhores perspectivas? Shand Networking Development Co., uma empresa de apostas on-line que deve atrair cerca de US$ 200 milhões em uma oferta pública inicial marcada para o final deste ano. Mesmo investidores capitalistas estão ficando mais ousados. Em fevereiro, o site de leilões *business-to-business* Alibaba.com internalizou US$ 82 milhões do Fidelity Investments, Softbank e outros especuladores – o maior investimento de capital de risco na história das empresas dot.com chinesas.

Não há dúvidas de que as empresas na internet da China têm muito potencial de crescimento para ser aproveitado. A soma total do capital acionário de todas as companhias de capital aberto é menor que US$ 10 bilhões. Isto é um quarto de uma e.Bay, um terço de uma Yahoo. Na maioria dos mercados, as *dot.coms* chinesas estão bem atrás de suas concorrentes nos Estados Unidos, Japão e Coréia. Como nos Estados Unidos, o *boom* provavelmente levará a um excesso, com a implosão de alguns negócios mal concebidos.

DANDO O TOM

Entretanto, quando você olhar para o que está acontecendo de Zhuhai a Shanghai ou Pequim, você percebe que as implicações podem ser profundas. Até agora, a internet tem sido dominada por um único país: os Estados Unidos. Agora, a China tem potencial para tornar-se a segunda maior potência da Era Digital. Por volta de 2006, espera-se que haja na China mais pessoas na Net, mais assinantes de banda larga e mais usuários de telefones celulares que em qualquer outro país no mundo. "300 milhões de pessoas na China usando a internet é coisa pequena", diz Jack Ma, fundador e CEO da Alibaba.

> **GRANDE JOGADA**
> Tirar vantagem do relaxamento do músculo político da China para dar uma mão às empresas domésticas.

Você não precisará falar mandarim para navegar na Web. Porém, inovações importantes emergirão da China, especialmente em mercados como serviços na Net para telefones celulares e *games* on-line. Empresas estrangeiras que queiram ter papel dominante na Net – pense na eBay e na Amazon – precisarão estar presentes nesse mercado. Multinacionais de alta tecnologia terão de considerar a China não apenas quando estiverem vendendo produtos, mas também quando os estiverem projetando. No último outono, Nortel Networks Ltd. Decidiu investir US$ 200 milhões em instalações de pesquisa e desenvolvimento em Pequim, para desenvolver equipamentos de rede e conexões *wireless*.

Ao mesmo tempo em que o simples tamanho é razão para a crescente influência da China na Net, as políticas do governo chinês são igualmente importantes. Sob o comando do presidente Hu Jintao, o governo de Pequim está incubando com cuidado empresas locais para ajudá-lo a competir no mercado globalizado. Não contente com produtos industrializados de baixa qualidade, Pequim está determinada a transformar a China em uma força high-tech, que possa rivalizar em inovações com os Estados Unidos, Japão e outros países. O governo chinês já utilizou os bilhões que gasta em equipamentos de rede para ajudar a Huawei Technologies Co. e a ZTE Corp. a tornarem-se concorrentes em nível mundial da Cisco Systems Inc. e da Nortel. As exportações da Huawei dobraram no ano passado, chegando a mais de US$ 1 bilhão do total de vendas de US$ 3,8 bilhões.

Isto pode ser um sinal do que ainda virá. Pequim está tentando estabelecer os padrões para diversas tecnologias-chave da Web, que podem permitir que as indústrias do país revelem-se grandes jogadores em todo o mundo. Considere, por exemplo, Wi-Fi, a tecnologia *wireless* amplamente popular. Em dezembro, Pequim determinou o uso obrigatório de um novo padrão de criptografia em todos os equipamentos Wi-Fi vendidos no país, a partir de 1º de junho. A medida é necessária, afirmam as autoridades, para tornar o Wi-Fi mais seguro. Para adequar-se a essa norma, as empresas estrangeiras terão de partilhar os projetos de seus produtos com uma das duas dúzias de empresas chinesas que Pequim designou como licenciadas para o referido padrão. Essas empresas integrarão o padrão de criptografia aos projetos e, então, ajudarão a produzir os equipamentos.

> **GRANDE JOGADA**
> Gerar faturamento por meio de serviços de mensagem pagos e de outros tipos diferentes de conteúdo pago para usuários de telefones celulares.

Gritos de protesto vieram das empresas de alta tecnologia americanas. Dennis Eaton, presidente da Wi-Fi Alliance, diz que muitos dos membros desse grupo de comércio, dentro dos quais se incluem a Intel, a Cisco e a Broadcom, estão preocupados com a possível perda de sua vantagem tecnológica, desvendando os projetos de circuitos integrados e outros itens protegidos pelo direito de propriedade industrial a concorrentes chineses. Ele afirma que algumas empresas podem mesmo interromper a remessa de produtos Wi-Fi para a China em junho. Os representantes da indústria dos Estados Unidos em Washington e em Pequim prometeram combater essa política chinesa, que eles dizem violar as regras da Organização Mundial do Comércio (representantes da administração Bush escreveram a Pequim, protestando contra os padrões de criptografia para equipamentos Wi-Fi). "É uma iniciativa verdadeiramente ameaçadora para o governo chinês adotar", diz Anne Stevenson-Yang, diretora administrativa em Pequim do Escritório de Tecnologia da Informação dos Estados Unidos, um grupo de *lobby* em prol das empresas americanas de alta tecnologia.

Mesmo se as empresas americanas vierem a ganhar em última instância no tribunal da Organização Mundial do Comércio, uma batalha legal ainda pode ser um caso de prejuízo. Uma empresa, como a Intel ou a Broadcom, teria de abrir mão de suas vendas para a China durante anos para provar sua tese. Esta é a razão pela qual as políticas de Pequim provavelmente ajudarão várias empresas de tecnologia chinesas a seguir as pegadas da Huawei, tornando-se suficientemente poderosas para competir no cenário globalizado. Dentre as que apresentam maior potencial estão a Harbor Networks Co., fabricante de equipamentos de rede, e a Semiconductor Manufacturing International Corp., fabricante de chips.

GRANDE JOGADA
Empregar a Web como força democratizadora.

MENSAGENS QUENTES

O foco na disputa comercial, entretanto, gera o risco de perder um importante desenvolvimento na indústria tecnológica da China. Justamente quando Pequim está tentando mudar a balança em favor dos fabricantes domésticos, as empresas locais na Net estão apresentando inovações promissoras por conta própria. Em parte, dadas as características especiais do mercado chinês. Como nos Estados Unidos, os portais foram as primeiras empresas da Net a surgir na China. Porém, as três principais empresas do país – Sina, Sohu e NetEase – logo descobriram que, ao contrário de suas irmãs americanas, elas não poderiam contar com venda de espaço publicitário, pois a publicidade on-line é escassa.

Pelo contrário, em 2002 as empresas descobriram uma mina de ouro com os serviços de mensagem pagos. Esses serviços são feitos sob medida para a China, que tem 286 milhões de usuários de telefones celulares, quase o dobro dos Estados Unidos. Por meio de acordos de divisão de receita com as duas operadoras de celular estatais, os portais cobram para enviar notícias atualizadas, *games* e informações de encontros on-line para telefones celulares. Os serviços evoluíram muito além de simples mensagens de texto. A Sohu envia até cartões de felicitações coloridos com mensagens de voz gravadas por Yao Ming, astro do basquete. Serviços multimídia devem ajudar a empurrar o mercado, de US$ 200 milhões em 2001, para US$ 3 bilhões neste ano, segundo estimativa da Lehman Brothers Inc.

As empresas *upstars* experimentam uma variedade ampla de conteúdos pagos. Um desabalado sucesso foram os *games* virtuais, jogados tanto on-line como ao telefone celular. Em muitos casos, milhares de pessoas competem umas contra as outras ao mesmo tempo, assumindo identidades para o *game* e acumulando poderes especiais ao longo de semanas ou meses. O mercado chinês de *games* on-line deve crescer cinco vezes mais em 2007, chegando a US$ 809 milhões, diz IDC. No final do ano passado, a Mtone Wireless Corp. teve sucesso com um *game* para telefone celular baseado no Cell Phone, um filme chinês de sucesso sobre falha de comunicação e infidelidade. Em apenas três meses, 500.000 pessoas fizeram assinatura para o *game*. "A internet móvel realmente salvou a indústria da internet na China", diz Victor Wang, CEO da Mtone.

Certamente, a China está brincando de pega-pega em muitos mercados da Net. *E-commerce*, por exemplo, desenvolve-se lentamente na China, porque poucos são os que têm cartões de crédito e o serviço postal não é confiável. Mas Yu, que fez MBA na Universidade de Nova York, começa a fazer progresso com a Dangdang.com, uma inconfundível versão chinesa da Amazon. Dangdang começou permitindo que compradores potenciais pagassem por meio de remessas bancárias e até mesmo pelo antiquado método de entrega mediante pagamento em dinheiro. Para fazer as encomendas chegarem aos consumidores, Dangdang contratou um esquadrão de entregadores que se movem rapidamente pelas maiores cidades da China em bicicletas. Yu diz que mais de dois milhões de consumidores compraram livros, CDs e DVDs da Dangdang, com pedidos de valor médio de US$ 10,00. "Nós resolvemos o básico", ela diz.

CHÃO DE FÁBRICA

> **GRANDE JOGADA**
> Fundamentar-se em uma tradição de comércio rica e em um sistema postal que se aprimora para fomentar o *e-commerce*.

Também as empresas voltadas ao *business-to-business* pela Net resolveram apenas o básico. Na Alibaba, o CEO Ma teve de convencer os fabricantes que estavam preocupados com fraudes ao fazerem negócios com terceiros pela internet. Para auxiliar os consumidores a avançarem na curva de aprendizagem sobre a internet, a Alibaba envia representantes ao chão das fábricas de cada novo fabricante para explicar como o site funciona. Ma diz que mais de um milhão de empresas registraram-se para serem listadas no site de importação-exportação da Alibaba, cada uma delas pagando US$ 5.000,00 por ano. O que atraiu o investimento recorde em capitais de risco é o potencial da Alibaba: empresas ao redor do mundo podem solicitar propostas dos fabricantes chineses para milhares de produtos, de panelas a máquinas de lavar. As compradoras não precisam de um representante na China para comprar diretamente desses produtores, que freqüentemente têm os menores custos do mundo.

O mercado doméstico em rápido crescimento está dando aos fabricantes chineses de equipamentos uma vantagem. Ao mesmo tempo em que o mercado chinês está aberto a estrangeiros e empresas americanas, como a Lucent Technologies Inc. e a Nortel, ele está conseguindo contratações – os jogadores locais, como a Huawei e a ZTE, freqüentemente dispõem de conexões melhores com agentes governamentais assim como custos de manufatura e de pesquisa e desenvolvimento menores. Essas empresas começam a expandir-se para além das fronteiras chinesas. A Huawei é a melhor conhecida, mas sua concorrente ZTE também está voltada para o exterior. Ling Dongsheng, gerente geral da ZTE para equipamentos com protocolo internet, diz que a empresa deseja vender seu equipamento de rede na Europa Oriental, no Oriente Médio e na América Latina.

Enquanto a Huawei e a ZTE expandem-se no exterior, empresas americanas de alta tecnologia estão ficando perturbadas. Elas temem que Pequim esteja envolvida no estabelecimento de padrões de tecnologia específicos para atribuir às empresas nacionais uma vantagem no mercado globalizado. As empresas dos Estados Unidos preocupam-se que a obrigatoriedade Wi-Fi seja apenas o início de um esforço chinês mais amplo para usar seu controle sobre o mercado para criar padrões locais para tecnologias estratégicas – incluindo identificação de freqüência de rádio (RFID), música digital e IPV6, uma tecnologia para a próxima geração da internet. Em fevereiro, Pequim criou um grupo para estabelecer os padrões chineses para RFID.

COMPARTILHAR UM SEGREDO?

O mais preocupante é a perspectiva de ter de compartilhar segredos tecnológicos com empresas chinesas, que podem tornar-se concorrentes. Isto seria uma recordação de uma política nacional que era comum durante a década de 1990, que exigia das multinacionais interessadas em associar-se com empresas locais que lhes transferissem sua tecnologia, em vez de simplesmente fazer-lhes o respectivo licenciamento. No início de março, Colin Powell, Secretário de Estado dos Estados Unidos e outros agentes da administração Bush enviaram uma carta à China, protestando contra a política relativa aos equipamentos Wi-Fi. Os representantes do governo chinês dizem que não entendem a razão para tanto alvoroço. Eles argumentam que o novo padrão tornará as pessoas mais confiantes na segurança oferecida pela tecnologia Wi-Fi, que tem sido notoriamente insegura. Isto encorajará os cidadãos a adotar a tecnologia e "terá um impacto positivo para o desenvolvimento do *wireless* na China", segundo afirma Huang Chengqing, vice-secretário-geral da Internet Society of China, um grupo industrial de Pequim ligado ao governo. Os críticos americanos replicam que a China poderá ver-se sem quaisquer novos produtos Wi-Fi depois do prazo fatal de junho. Wang Lijian, chefe do centro de pesquisa em tecnologia da informação no China Electronics Standardization Institute, o grupo autorizado pelo Ministério da Indústria da Informação a desenvolver padrões industriais, diz que há tempo de sobra para que as empresas chinesas cheguem a novos produtos que atendam os padrões fixados. "A data de 1º de junho é o prazo final", afirma Wang.

Há poucas dúvidas de que o país está mudando, ao observarmos que dezenas de milhares chineses "*go online*" todos os dias. A China está se tornando um lugar mais atraente para que empresas estrangeiras façam investimentos – e está começando a dar sinais de inovações endógenas. "Em outros tempos, a China não aparecia na tela do radar de rastreamento de tecnologia de ponta", diz Robert Mao, presidente e executivo chefe das operações da Nortel's Greater China. "Atualmente, a China é parte do grupo de vanguarda."

GRANDE JOGADA

Aprender com os pioneiros da construção de sites na internet pode trazer ganhos e é seguro.

Wang, da Kingsoft, está certo de que este é o caso. Ele já está de olho na próxima geração de tecnologias na China, incluindo *video phones* e *mobile-phone* games, que mesclam filmes, voz e dados. Ele tem a tecnologia e o público. Não é de ad mirar que ele tenha grandes sonhos.

MANHÃ DE SEGUNDA-FEIRA

O PROBLEMA
Encontrar maneiras de capitalizar a economia da internet, em rápido crescimento na China.

A SOLUÇÃO
Mover-se rapidamente para marcar presença tecnológica na China, construindo instalações para pesquisa e desenvolvimento e investimento em *start-ups* promissoras.

Entender que as limitações políticas e econômicas da China podem dar ensejo a soluções de negócio engenhosas para serem adaptadas e exportadas para outros países.

Estabelecer equilíbrio entre cooperação e concorrência, reconhecendo que o governo chinês fará o possível para privilegiar os negócios locais.

SUSTENTANDO O SUCESSO
Manter a ênfase na velocidade, e considerar que o mercado nascente evoluirá rapidamente para a maturidade.

RATAN TATA: DE UM CONGLOMERADO DEMASIADO GRANDE A UMA FORÇA INTERNACIONAL ÁGIL

JOGADOR

Ratan N. Tata teve uma gestão difícil, mas emerge como um vencedor. Ele reestruturou o grupo, desafiou os céticos desenvolvendo localmente e lançando um automóvel de passeio, que no momento é o terceiro mais popular da Índia, e mudou sua maneira de ser, transformando-se de homem tímido e recluso a líder confiante.

Manjeet Kripalani realizou a reportagem desta matéria em julho de 2004.

PLANO DE AULA

Entender que tamanho não é a chave para os lucros. Simplificar o conglomerado que se esparrama, livrando-se de negócios tangenciais e trabalhar na sustentação de áreas fortes da empresa.

Lançar novos produtos e serviços inovadores para o mercado de consumo de massa, de modo a sedimentar a liderança doméstica.

Aumentar rapidamente a visibilidade internacional e as receitas por meio da aquisição de marcas globais reconhecidas e lançar ofertas públicas iniciais espetaculares de negócios domésticos estratégicos.

REINVENTANDO TATA

A entrada para o Birla Matushree Auditorium de Bombaim está decorada com bandeirolas azuis e vermelhas. Do lado de fora, uma multidão move-se lentamente, garçons servem café e refrigerantes e uma longa fila aguarda para entrar no prédio. De repente, uma excitação geral. Não é a aparição da mais recente estrela de Hollywood. É um homem alto e grisalho em um terno clássico, Ratan N. Tata, o presidente de 67 anos do grupo Tata, chegando. Ele vem para conduzir a assembléia anual da Tata Motors, a maior empresa do grupo. "Quando Ratan Tata está presente, você não tem de se preocupar com nada", diz Pravin D. Shah, acionista de muitos anos, ao ver passar o presidente.

Tata, o maior conglomerado da Índia, certamente alcançou o tipo de resultados que deixa os corações dos acionistas alvoroçados. O faturamento do grupo cresceu 30% desde 2002, chegando a US$ 12,8 bilhões no ano passado, e os lucros cresceram 60%, atingindo US$ 1,2 bilhão. O preço das ações das maiores empresas de capital aberto do grupo, Tata Motors e Tata Steel, triplicaram no período. Nesse verão, Tata deve levantar US$ 1,2 bilhão com a venda de 13% do capital de Tata Consultancy Services (TCS), a maior empresa de serviços de software da Ásia e a pioneira do negócio de terceirização, que alimentou a economia em rápido crescimento da Índia. A oferta pública inicial projetará ainda mais o perfil internacional do grupo, na medida em que Ratan Tata se prepara para fazer da Tata um jogador globalizado. "TCS exemplifica nossa dupla investida: é um ator dominante dentro do país, mas também terá foco em nosso crescimento fora da Índia", ele diz.

> **GRANDE JOGADA**
> Obter reconhecimento instantâneo e influência internacional por meio da aquisição de marcas, como a Tetley Tea da Grã-Bretanha e a operação comercial de caminhões da Daewoo.

É um bom momento para o distinto Tata. Desde 1991, quando assumiu a presidência por injunção de seu tio J. R. D. Tata, ele enfrentou muita oposição enquanto retirava o grupo da cômoda – mas inflexível – tutela da Índia socialista e simplificava o conglomerado demasiadamente grande. J. R. D. Tata foi muito valioso para o sistema indiano, mas muitos observadores foram céticos acerca de seu sobrinho ainda não-testado.

O plano de Ratan Tata – esboçado uma década antes de tornar-se presidente, quando ele dirigia o braço de desenvolvimento de negócios do grupo – era criar uma empresa mais focada, sem abandonar a melhor tradição industrial do grupo Tata.

A visão de Tata levou a maior parte da década para se concretizar, mas trouxe resultados. Atualmente, o grupo tem interesses que vão dos setores automotivo e siderúrgico até software e telecomunicações e prospera enquanto a economia da Índia cresce rapidamente. "O grupo agora está bem posicionado para se beneficiar do crescimento rápido da Índia e da evolução como uma base de suprimentos globalizada", diz Amit Chandra, diretor administrativo do banco de investimento DSP Merril Lynch Ltd. em Bombaim.

NOME DOMÉSTICO

O grupo percorreu um longo caminho em seus 136 anos de história. Fui fundado por Jamsetji Tata, que iniciou um comércio de tecidos em 1868 em Bombaim e, mais tarde, construiu as primeiras siderúrgica e usina hidrelétrica do país. Desde então, os produtos Tata tornaram-se parte integrante da vida indiana. Os indianos temperam sua comida com sal Tata, bebem chá Tata, dirigem automóveis Tata e usam energia, ares-condicionados e redes de telefone Tata. Eles hospedam-se em hotéis Tata e usam relógios Tata. A infra-estrutura da Índia é construída com aço Tata e suas empresas e órgãos governamentais utilizam software Tata.

GRANDE JOGADA
Estruturar uma oferta pública inicial de US$ 1,2 bilhão como parte de uma iniciativa para levantar dinheiro e ajudar a transformar a empresa em um jogador globalizado.

No entanto, Ratan Tata não está satisfeito. Ele quer que o mundo (não apenas a Índia) adotem os produtos Tata. Assim, nos últimos quatro anos, ele tem estado no espírito de expansão global. Em 2000, a Tata Tea Ltd. pagou US$ 435 milhões pela Tetley Tea da Grã-Bretanha, uma empresa com três vezes o seu tamanho, para passar a dispor de uma marca internacional já consolidada. Em março, a Tata comprou a operação comercial de caminhões da Daewoo por US$ 102 milhões, com a idéia de usar a tecnologia Daewoo em seu negócio de fabricação de caminhões e conseguir um trampolim para outros mercados asiáticos. Na Grã-Bretanha, a MG Rover Group Ltd. vende automóveis compactos fabricados pela Tata com sua própria marca, ao mesmo tempo que caminhões Tata percorrem com regularidade estradas da Malásia à África do Sul. A divisão de hotelaria está se expandindo com hotéis de luxo e de negócios em todo o mundo. E a TCS está procurando comprar software houses na América do Norte e na América do Sul.

Tata, entretanto, não está negligenciado sua seara doméstica. Está usando as habilidades de engenharia e de tecnologia do grupo para inovar e desenvolver produtos e serviços de alta qualidade que sejam acessíveis para uma classe emergente de jovens indianos com grandes aspirações, mas com recursos limitados. Em junho, a India Hotels Co. do grupo Tata, lançou indiOne, uma cadeia de hotéis self-service com diárias de US$ 20,00, que oferecem conexão Wi-Fi e televisores de tela plana. No início do próximo ano, a Tata Motors planeja lançar o primeiro protótipo de um automóvel de quatro portas que deve ser vendido por apenas US$ 2.200,00. Tata afirma que esses novos investimentos devem ser lucrativos, mas admite que também está motivado pela tradição familiar de caridade e trabalhos beneficentes. "É o alicerce sobre o qual o grupo foi construído", diz Tata. Os investidores estão observando para ver se esse modelo pode gerar o tipo de lucro que estão acostumados a obter das empresas Tata. "O desafio é assegurar que a noção de obrigação social do grupo não colida com a criação de valor para o acionista", diz Ajay Sondhi, diretor administrativo do banco de investimento Kotak Mahindra Capital em Bombaim. "Mas se alguém pode fazer com que isso dê certo, são os Tatas."

> **GRANDE JOGADA**
> Manter as operações domésticas do conglomerado em crescimento, colocando no mercado produtos para o maior, e que cresce mais rápido, grupo de consumidores.

A aposta mais arriscada de Tata deve ser em telecomunicações. O grupo pagou US$ 530 milhões, em 2002, por 46% da VSNL, empresa estatal que detinha o monopólio das telecomunicações internacionais. Esse investimento foi um tanto amargo. O setor foi desregulamentado logo depois da celebração do negócio e, em vez de beneficiar-se com o monopólio, Tata enfrentou uma avalanche de novos concorrentes. Tata investiu US$ 2 bilhões em licenças e infra-estrutura para uma rede de telefonia móvel, mas em 18 meses atraiu apenas dois milhões de assinantes e permanece em um distante quinto lugar no mercado. Tata, contudo, está dobrando sua aposta e planeja investir mais US$ 3 milhões para expandir a rede, instalar nova tecnologia e vender seu serviço. Os investidores, preocupados com o passo vagaroso do grupo Tata no negócio de celulares, elogiam a iniciativa. "O grupo foi conservador no setor de telecomunicações por muito tempo", diz Dinshaw Irani, que dirige a administração de carteira na SSKI Investor Services, corretora de valores mobiliários em Bombaim. "A inversão de fundos não ocorrerá tão cedo."

CONSCIÊNCIA SOCIAL INTERNALIZADA

O nível frenético de atividade econômica representa uma oportunidade única para o grupo Tata dos velhos tempos acertar o passo. Apesar de o conglomerado sempre ter sido dirigido por um Tata, os membros da família detêm apenas uma pequena parcela do capital da Tata Sons, a holding que controla a propriedade do grupo em vários empreendimentos. Na verdade, a Tata Sons é dirigida por um par de *trusts* que recebem dividendos das operações do grupo. Esse dinheiro é empregado em serviços sociais, como bolsas de estudo e assistência à saúde para pessoas pobres. Muito pouco toma o caminho de volta aos bolsos dos membros da família Tata.

> **GRANDE JOGADA**
> Consolidar negócios incompatíveis para possibilitar coesão institucional, tanto do ponto de vista legal quanto financeiro.

Essa estrutura administrativa (embora louvável), associada aos governos de orientação socialista da Índia, emperrou o crescimento do grupo por anos. As empresas Tata foram gerenciadas por consentimento e permissão elegantes, ao invés de o serem por controle acionário agressivo. O grupo degenerou em um amontoado de feudos dirigidos ao acaso, com octagenários nos conselhos de administração e sem quaisquer sistemas modernos de gerenciamento, fiscalização e controle. Por volta de 1991, quando a Índia liberalizou sua economia, as ações das empresas do grupo Tata tiveram desempenho apático no mercado acionário de Bombaim, então em ebulição.

Naquele ano, o conselho de administração designou Ratan Tata como presidente, mesmo diante das dúvidas de investidores e empregados sobre sua capacidade de levar o grupo adiante. Um homem tímido e reticente, Tata tinha tido uma carreira medíocre, com tarefas desconexas em várias divisões. Ele quis fazer arquitetura. Depois de ter obtido sua graduação como arquiteto na Cornell University, trabalhou por alguns meses em um escritório de arquitetura em Los Angeles. Porém, seu tio pressionou Rata para juntar-se ao negócio da família. "Eu freqüentemente queria retornar aos Estados Unidos. Algumas vezes, sentia como se não estivesse chegando a lugar algum", diz Tata. "Muitas vezes, meu nome era uma desvantagem. Os mais velhos não queriam ser vistos como se estivessem

> **GRANDE JOGADA**
> Canalizar grandes somas para estabelecer uma rede de telefonia móvel para aumentar a fatia de mercado.

me privilegiando." Assim, Tata nunca recebia ofertas (e nunca as solicitava) de benefícios da empresa, como empréstimos subsidiados para a compra de refrigeradores – bens preciosos na Índia daqueles tempos, socialista e com deficiência de suprimentos.

Logo após ter ingressado no grupo, Tata passou três anos no negócio de aço, "colocando pás de calcário nas siderúrgicas, trabalhando com o capataz nas fornalhas de combustão", ele relembra. Tata adorava o chão de fábrica e a experiência deu-lhe um nível de bem-estar com os operários do vasto império Tata, pelos quais ele ainda tem grande apreço. Após sua atividade com aço, Tata passou algum tempo nas divisões automotiva e de software, para então enfrentar seu teste verdadeiro: ele assumiu a responsabilidade pelo claudicante negócio de produtos eletrônicos de consumo da Tata Sons. Tata trouxe a empresa de volta para o azul, mas o negócio era ignorado pelo grupo e logo foi fechado. Em 1981, Tata juntou-se ao braço de desenvolvimento de negócios do grupo e começou a escrever o projeto de seus sonhos. Ele vislumbrou o grupo Tata reestruturado em oito setores estratégicos, incluindo esteio da velha economia, como siderurgia e empresas de utilidade pública, assim como os negócios mais de vanguarda, como tecnologia da informação e biotecnologia. Os executivos de alto escalão ignoraram a proposta.

Quando chegou à presidência, Tata retirou do arquivo seu plano e passou a sacudir o respeitável conglomerado, que se arrastava. Vendeu negócios que não faziam parte do núcleo, como cosméticos e óleo de cozinha. Reduziu o grupo a 80 empresas das 250 existentes e irritou alguns investidores, fortalecendo a participação da holding Tata Sons em empresas do grupo, passando de 1,7% para, no mínimo, 26% (o que dá ao grupo o direito de impedir *takeovers*).

> **GRANDE JOGADA**
> Vender empresas não-essenciais para desenvolver melhor as indústrias integrantes do núcleo do negócio.

Os descrentes observavam atônitos, enquanto o pacífico e aristocrático Tata passou a desenvolver instintos de batalha. Após um ano de ásperas discussões públicas com poderosos líderes do grupo, especialmente nos setores de aço e hotelaria, Tata colocou-os para fora e empossou novos administradores. Então, tratou da Tata Motors. A fabricante de caminhões tinha empregados e fornecedores demais, e os custos aumentavam enquanto a fatia de mercado encolhia. Tata cortou pela metade o número de fornecedores e usou o poder da empresa no mercado de caminhões para obter melhores preços dos 600 fornecedores restantes, além de instituir um rigoroso programa de controle da qualidade nas fábricas Tata. Vendeu imóveis e outros ativos não-estratégicos, além de sair de *joint ventures*, como a com a DaimlerChrysler para produzir automóveis Mercedes classe E – um luxo que poucos indianos podiam pagar. Finalmente, introduziu um programa de aposentadoria voluntária para cortar 40% dos postos de trabalho, reduzindo-os a 22 mil. Isto gerou US$ 250 milhões em dinheiro, que Tata Motors usou para reduzir débitos que ultrapassavam US$ 1 bilhão.

CONSERTOS RÁPIDOS

Ele então realizou um sonho longamente acalentado por seu tio, fazendo o movimento no sentido de carros de passeio. Em 1991, Tata Motors lançou uma caminhonete e, mais tarde, um veículo utilitário esportivo. Em 1999, em meio a muito ceticismo, ele investiu US$ 400 milhões no modelo Indica, um *hatchback* de quatro portas, que é vendido por apenas US$ 5.100,00. Conhecido como a "loucura de Ratan", o Indica teria de concorrer com os compactos populares da Suzuki Motor Corp. Tata, porém, teve interesse pessoal no projeto, freqüentemente passando

> **GRANDE JOGADA**
> Manter o foco na noção de compromisso social e, ao mesmo tempo, aumentar os lucros.

finais de semana na fábrica para ajudar no lançamento. Inicialmente, os consumidores reclamaram do câmbio pesado, do ar-condicionado fraco e dos pneus ordinários. Então, os engenheiros da Tata Motors entraram em ação, indo a showrooms e falando com os consumidores sobre suas queixas. Dentro de seis meses, muitos dos problemas estavam superados e uma nova versão do Indica, a V2, foi lançada. Atualmente, o carro é o terceiro em vendas na Índia.

Tata realizará seu sonho de transformar o grupo em um gigante globalizado? Existem obstáculos à frente e Tata não dispõe de muito tempo – ele se aposentará em três anos. Ele não irá revelar seus planos sucessórios, mas os rumores no mercado são de que seu meio-irmão, Noel Tata, 47 anos, que dirige o pequeno negócio de varejo do grupo e tem-se mantido discreto, herdará o manto. Por enquanto, contudo, o espetáculo é todo de Ratan Tata, e os indianos – assim como o resto do mundo – estão assistindo.

MANHÃ DE SEGUNDA-FEIRA

O PROBLEMA
Transformar uma empresa doméstica altamente lucrativa com diversos negócios em um gigante globalizado.

Transformar uma organização atolada em pensamentos arcaicos em líder do século XXI.

A SOLUÇÃO
Comprar o reconhecimento do nome, arrebatando algumas marcas globais estratégicas.

Vender negócios periféricos, para focar a atenção e os recursos no núcleo dos negócios em crescimento.

Respeitar as tradições que deram identidade à corporação, ao mesmo tempo em que também são alteradas as práticas e a administração que impedem o crescimento.

Dominar os mercados domésticos, agressivamente desenvolvendo produtos e negócios novos – mesmo que isso envolva uma enorme quantidade de dinheiro e de riscos.

SUSTENTANDO O SUCESSO
Ter como meta ser o número um – não em tamanho, mas em qualidade. Esforçar-se para adotar as melhores práticas de negócio, assim como para produzir bens e serviços de qualidade superior.

BERTELSMANN: DESPACHANDO A VELHA MÍDIA PARA A EXTINTA UNIÃO SOVIÉTICA

JOGADOR
Bertelsmann está tendo bons lucros a partir de uma forte tradição literária local, que engrena-se em um florescente cenário empresarial. A unidade ucraniana é a mais lucrativa do clube do livro da Bertelsmann e também é um exemplo de como um modelo de negócio antigo pode a vir a ter nova vida em economias em rápido crescimento da Europa Oriental.

A reportagem de Jack Ewing sobre o negócio de livros da Bertelsmann na Europa Oriental foi publicado em maio de 2007, juntamente com seu "Reporters Notebook; Shedding Stereotypes in Eastern Ukraine".

PLANO DE AULA

Impulsionar um débil empreendimento do século XX, realizando vendas para crescentes parcelas de consumidores nos países em desenvolvimento.

Alcançar um mercado de massa em países mais pobres, vendendo produtos de baixo custo.

CLUBES DO LIVRO SÃO QUENTES

Você normalmente não esperaria encontrar um alto executivo de uma grande empresa de mídia na provinciana Kharkiv. Esta cidade poeirenta de 1,5 milhão de habitantes é o tipo de lugar em que os líderes locais ainda não derrubaram as estátuas de Lênin, sendo mais conhecida fora da Ucrânia (se é de alguma forma conhecida) em razão dos tanques que costumava produzir para o Exército Vermelho. Porém, em uma tarde ensolarada de abril, Ewald Walgenbach, membro do conselho de administração da Bertelsmann da Alemanha, sorri ao olhar uma escavadeira a vapor desmantelada sobre um caminhão de lixo em uma fábrica decadente, que está sendo convertida em um centro de distribuição para a empresa Lazer da Família clube do livro. Acima da barulheira, Oleg Shpilman, CEO da unidade ucraniana, grita que a nova unidade será capaz de enviar 20 milhões de livros por ano. "Que acontecerá no próximo ano ,quando teremos 21 milhões para enviar?" Walgenbach retruca com um sorriso.

> **GRANDE JOGADA**
> Ter como alvo um mercado crescente de jovens leitores em países estrangeiros em fase de desenvolvimento.

O otimismo em relação ao mundo da impressão é bem raro atualmente. Na Ucrânia em rápida modernização, entretanto, a Bertelsmann aproveita uma expansão de seu clube do livro à moda *dot.com*, um segmento que apresenta crescimento pequeno ou até mesmo nenhum crescimento nos Estados Unidos e na Europa Ocidental. O Lazer da Família movimentou 12 milhões de livros no ano passado – desde livros de culinária e obras comerciais de consumo local até histórias de suspense de Stephen King – ao mesmo tempo em que as vendas cresceram 55%, chegando a US$ 50 milhões. Atualmente, a Bertelsmann é a maior vendedora de livros na Ucrânia, com 12% do mercado. O negócio tem margens de lucros que equivalem ao triplo da média global de 4% para unidades similares da Bertelsmann, que incluem o Clube do Livro do Mês e Sociedade Literária nos Estados Unidos.

A Ucrânia é o exemplo mais espetacular do sucesso da Bertelsmann com clubes de livro no extinto bloco soviético. Ela prova que, com a mescla adequada de marketing e merchandise, pode-se fazer dinheiro mesmo com produtos de baixo custo. A região conta com população de bom nível de instrução, ávida por uma boa leitura, dispondo, contudo, de poucas livrarias onde essa população possa satisfazer sua paixão. Como resultado, a Bertelsmann também se tornou a maior editora da República Tcheca e alcançou grande sucesso na Polônia, na Rússia e em outros países do Leste europeu.

Os clubes do livro são parte de uma tendência mais ampla do crescimento rápido da mídia impressa em países em desenvolvimento. Na Índia, os jornais estão prosperando, exibindo meia dúzia de jornais diários somente em Mumbai.

Ringlier, a gigante suíça das revistas, experimentou um crescimento de vendas de 18% no ano passado com suas publicações sobre estilo de vida no Vietnã. Na Argentina, o número de livros publicados mais que dobrou desde 2002. Os mercados emergentes também se revelam lucrativos para outra unidade da Bertelsmann, Gruner + Jahr, que é a segunda maior editora de revistas na China por meio de uma joint venture.

PEDIDOS VIA MENSAGEM DE TEXTO

A fidelidade da Bertelsmann à mídia antiga em novos mercados está trazendo resultados positivos de outras formas. Nos Estados Unidos, seus clubes do livro tendem a servir consumidores mais velhos. Ao contrário, praticamente a metade dos 2 milhões de membros do clube Lazer da Família (em um país de 47 milhões de habitantes) têm menos de trinta anos. O segredo: o clube da Bertelsmann seleciona autores ucranianos jovens em voga e atua como seu distribuidor exclusivo, uma estratégia inteligente em um país com cerca de apenas 300 livrarias. "Eles são muito competentes, bem mais que outros editores", diz Ljubko Deresch, um intenso autor de 23 anos que publicou cinco romances – o último com a Bertelsmann – tratando do desencantamento dos jovens e da cultura pop.

> **GRANDE JOGADA**
> Agir com sensatez ao realizar vendas para colher grandes lucros com empreendimentos tradicionalmente pouco lucrativos.

Manter preços baixos é crucial. O ucraniano médio ganha menos do que US$ 8.000,00 por ano e, em Kharkiv, a maior concorrente da Bertelsmann é uma feira de livros a céu aberto. Dezenas de comerciantes em suas bancas vendem de tudo, desde livros didáticos até ficção científica. Os títulos do clube Lazer da Família normalmente são vendidos por menos de US$ 5,00, preço bastante competitivo em relação à referida feira de rua. Para manter os custos baixos, o clube despacha as encomendas para as agências de correio, onde os consumidores devem retirar seus livros.

Não há dúvidas de que a Bertelsmann gostaria de engarrafar sua fórmula ucraniana para exportá-la a outros países. Apesar de poucos oferecerem condições tão favoráveis como cidadãos ávidos por leitura, autoridades postais dispostas a cooperar e administração local vigorosa, algumas inovações da Ucrânia podem viajar. Os consumidores de lá, por exemplo, são os campeões mundiais de pedidos via mensagem de texto de telefone celular, uma promissora estratégia de *e-commerce* em países pobres, onde poucos podem pagar pelo acesso à internet. Shpilman afirma: "Nosso objetivo não é ser um clube do livro, mas uma livraria integrada".

ABANDONANDO ESTEREÓTIPOS NA UCRÂNIA ORIENTAL

GRANDE JOGADA
Seguir a maré de tendência de rápido crescimento da mídia impressa em países em desenvolvimento.

Lojas de alto nível e cafeterias modernas em meio a estátuas de Lênin – uma cidade literária de contrastes, Kharkiv também é local de uma história de sucesso da Bertelsmann.

Minha cabeça estava cheia de estereótipos quando o desconfortável jato fretado da Austrian Air aterrissou na Ucrânia oriental. Eu havia imaginado essa região da Ucrânia, que fala russo, como uma cidade pós-soviética poeirenta que ainda estivesse lutando para se adaptar à independência ucraniana e ao colapso da União das Repúblicas Socialistas Soviéticas.

As impressões iniciais pareciam confirmar meus preconceitos. O aeroporto era mais arrumado do que eu esperava, mas um martelo e uma foice dourados, recém-pintados, coroavam o terminal da era stalinista. Uns poucos jatos decadentes da Aeroflot estavam estacionados na pista. Graças a meus anfitriões da empresa de comunicação alemã Bertelsmann, cujo negócio de publicação local de livros era um sucesso fenomenal e que tinha vindo observar, fui levado diretamente do avião para uma área VIP da alfândega, onde um guarda, com um quepe à moda militar soviética, prontamente carimbou meu passaporte.

Porém, nos dias que se seguiram, fui forçado a fazer um retrato com mais nuances dessa metrópole, que está a pouca distância rodoviária da Rússia de Vladimir Putin. A cidade – também conhecida por seu nome russo Kharkov – ainda exibe enormes estátuas de bronze de Lênin e de outros sisudos heróis socialistas. No centro da cidade, há uma praça grande e vazia, do tipo que costumava ser utilizada para demonstrações ostensivas de poderio militar. Um tanque enferrujado do Exército Vermelho, um dos milhares fabricados aqui, serve de decoração.

UM ESTILO DE VIDA LITERÁRIO

A cidade, porém, é mais que um parque temático bolchevique. Graças à presença de diversas universidades importantes e milhares de estudantes, Kharkiv tem um lado boêmio e chique. Existem cafeterias, em que se pode tomar um capuccino excelente, e avenidas largas e limpas ladeadas por lojas de alto nível e repletas de jovens vestidos na última moda. Há restaurantes de vanguarda, em que se pode comer esturjão grelhado com caviar, e bares como o Fidel's, uma espelunca de porão, com decoração em vermelho, onde encontrei Ljubko Deresch, autor ucraniano de 23 anos, ex-estudante de contabilidade, que já publicou cinco romances.

Deresch, cujo último livro, *A Bed of Darkness*, foi publicado pelo clube do livro Lazer da Família da Bertelsmann, descreveu como a reverência tradicional do povo ucraniano pelos livros está ajudando o renascimento da literatura de linguagem local. "Há pessoas profundamente interessadas em literatura, que lêem textos novos, que fazem da literatura parte de seu estilo de vida", Deresch afirmou diante de uma xícara de chá. "A razão mais convincente para continuar a escrever é que você sabe que há um diálogo entre seu texto e as vidas interiores dessas pessoas."

A Bertelsmann está lucrando com esta tradição, que se enreda em um cenário empresarial efervescente. A unidade ucraniana é o clube do livro mais lucrativo da Bertelsmann e também um exemplo de como um modelo antiquado de negócio pode encontrar vida nova nas economias em rápido crescimento da Europa Oriental. No entanto, o sucesso da Bertelsmann não teria sido possível sem uma vigorosa equipe local, dirigida por Oleg Shpilman, um veterano do exército russo, afável e um pouco ansioso, prova de que ter crescido no regime socialista não impede quem quer que seja de tornar-se um homem ou mulher de negócio sensato.

> **GRANDE JOGADA**
> Utilizar plataformas alternativas de *e-commerce*, como mensagens de texto via celular, para receber pedidos.

APRENDER FAZENDO

Deve-se admirar a ousadia de Shpilman. Ele e alguns investidores holandeses criaram o Clube Lazer da Família em 2000. O plano era, sem qualquer constrangimento, copiar o modelo de negócio de clube do livro da Bertelsmann e, então, vender a empresa à própria Bertelsmann. O plano funcionou, tendo a Bertelsmann comprado o clube por menos de US$ 10 milhões em 2004. (A empresa já recuperou um pouco mais do que o investimento). Shpilman permaneceu para dirigir o negócio. Paralelamente, ele também é proprietário de um pub de estilo irlandês, que atende expatriados e estrangeiros, homens e mulheres de negócio, de passagem pela cidade.

Shpilman nunca esteve na Irlanda, mas pouco importa. Ele e seus empregados na Bertelsmann têm a crença de que tudo é possível, o que não se encontra freqüentemente na Europa ocidental e nos Estados Unidos. Por exemplo, incapaz de encontrar software pronto adequado para seus sistemas de pedidos e de distribuição, a equipe ucraniana da Bertelsmann desenvolveu seu próprio software. "Muitas coisas aprendemos simplesmente fazendo", diz Shpilman.

Há, naturalmente, sinais de que a Ucrânia ainda é uma economia em transição. Em determinado bairro, prostitutas desfilam diante de blocos de

> **GRANDE JOGADA**
> Manter os custos baixos, entregando os livros às agências de correio.

apartamentos. Em um lugar fora de Kharkiv, onde a Bertelsmann está transformando uma antiga fábrica de isolantes em um novo centro de distribuição, guardas de aparência rude patrulham o terreno em uniformes camuflados, um efetivo meio de dissuasão de qualquer um que pensasse em furtar materiais de construção.

SENTINDO O SUCESSO

A Ucrânia ainda padece de instabilidade política. Nas últimas semanas, o governo ucraniano esteve em crise depois que o presidente Viktor Yushchenko, líder da Revolução Laranja, dissolveu o Parlamento em meio a uma disputa de força com legisladores pró-Rússia. Em Kharkiv, porém, as pessoas parecem dar pouca atenção ao fato. (A crise atenuou-se em 4 de maio, depois de os dois lados terem concordado em realizar novas eleições.)

Ao contrário, o ânimo em Kharkiv parece positivo. Para muitas pessoas, a vida é muito melhor. Natalia Obraztsova costumava apregoar brinquedos infantis de um quiosque em Kharkiv para sobreviver, apesar de seus melosos romances de aventura, ambientados em tempos medievais, venderem dezenas de milhares de cópias por meio de editores russos. "Eu não percebia o sucesso", diz Obraztsova, que escreve sob o pseudônimo de Simona Vilar – um nome escolhido por seu ex-editor, porque soava como francês. Atualmente, ela escreve em tempo integral, freqüentemente varando a noite quando surge a inspiração.

Shpilman, da Bertelsmann, traça um paralelo entre a Europa ocidental após a Segunda Guerra Mundial, quando as velhas estruturas tinham sido arrasadas e o continente era uma folha em branco. "Se você tem algum bom senso e algum dinheiro em seu bolso, você pode se dar bem", ele diz.

MANHÃ DE SEGUNDA-FEIRA

O PROBLEMA
Revigorar um negócio estagnado, talvez até mesmo morrendo, por meio de uma transferência para mercados emergentes.

A SOLUÇÃO
Adotar métodos de *e-commerce* que se enquadrem no comportamento real do consumidor. Deixar de supor que consumidores estrangeiros sejam menos adeptos da tecnologia; eles podem usar os recursos tecnológicos de maneiras novas e avançadas.

Manter os preços baixos e compatíveis com a baixa renda *per capta* nos mercados emergentes.

Reduzir *overhead* para manter altas as margens de lucro.

SUSTENTANDO O SUCESSO
Permanecer inovador, adaptando estratégias avançadas utilizadas em mercados emergentes a países desenvolvidos.

EUROPA:
ELA PODE CRESCER NOVAMENTE?

JOGADOR
Esperava-se que a experiência européia trouxesse prosperidade. Não o fez. Porém, com menos reformas do que se possa considerar necessário, uma nova e saudável economia poderia despontar.

Esta reportagem de capa, feita por John Rossant com David Farilamb, fui publicada em novembro de 2003.

PLANO DE AULA

Encorajar o espírito empreendedor e fomentar negócios inovadores, oferecendo isenções fiscais para empresas menores e investindo pesadamente em pesquisa e em desenvolvimento.

Reconhecer que uma série de pequenas reformas podem ter um grande impacto, alavancando a economia e promovendo crescimento de longo prazo.

Estudar outros casos de sucesso, emprestando estratégias de outros governos que tenham realizado avanços econômicos.

REINVENTANDO A UNIÃO EUROPÉIA

Na grandiloqüência própria das grandes assembléias, a reunião de dois dias dos líderes europeus, ocorrida em março de 2000 na cidade de Lisboa, foi rotulada como "o encontro de cúpula sobre conhecimento e inovação". E por que não? Tudo parecia convergir finalmente para o Velho Mundo. O crescimento econômico estava subindo como uma lança, mesmo enquanto a economia dos Estados Unidos começava a diminuir de ritmo. O lançamento recente do euro como a nova moeda única para 305 milhões de pessoas parecia augúrio de prosperidade. Por um breve e fulgurante instante, a Europa estava nas alturas.

> **GRANDE JOGADA**
> Institucionalizar reformas por meio da vontade política de realizar mudanças.

Tão nas alturas que os 15 líderes europeus pareciam ter perdido contato com a realidade durante aqueles dois dias de primavera em Lisboa. Eles solenemente afiançavam que, em uma década, a economia da Europa manteria um crescimento de 3% ao ano – uma taxa inusitada desde o início da década de 1970. O número de pessoas empregadas subiria em cerca de 10%. Na esteira de enormes saltos em inovações tecnológicas, a produtividade decolaria. Por volta de 2010, a Europa seria a economia mais dinâmica do planeta – ou assim prometia a Agenda de Lisboa.

O extraordinário é que poucos na Europa àquela altura questionavam essas metas. Dentre os que o faziam, estava o então vice-ministro de Relações Exteriores da Polônia, Radek Sikorski, um ex-diretor do Sindicato Solidariedade, que tinha sua própria e vasta experiência com meias-verdades oficiais. Observando as notícias sobre Lisboa em seu escritório de Varsóvia, a meio continente da capital portuguesa, ela gargalhava. "De fato", relembra Sikorski, atualmente especialista em relações transatlânticas, "eu não ria tanto desde que o Politburo comunista costumava anunciar metas de produção totalmente irrealistas. Era o mesmo tipo de coisa."

Propaganda? Bem, nada tão diferente disso. Nas últimas duas décadas, a Europa tem vivido uma sucessão de mentiras econômicas. O mercado comum propiciaria o crescimento da atividade econômica de maneira rápida. O euro turbinaria o crescimento. A expansão da União Econômica para o Leste tornaria a Europa poderosa novamente. A realidade amarga é que, atualmente, a União Européia é a economia perdedora por excelência, tendo ficado atrás do Estados Unidos pela segunda década consecutiva. O crescimento econômico super-aquecido dos Estados Unidos de 7,2% no terceiro trimestre, *versus* 0,3% na zona do euro, apenas revela a crescente diferença. Neste ano, mesmo o Japão está crescendo duas vezes mais rapidamente. O produto nacional bruto *per capita* na Europa, após ter passado de 50% dos níveis americanos em 1950 para 80% em 1990, atualmente retrocedeu a 65% e continua a cair. Do mercado comum à moeda comum, os avanços políticos da Europa "não propiciaram o que se esperava que fizessem", assevera André Sapir, consultor econômico de Romano Prodi, Presidente da Comissão Européia, e autor de uma crítica devastadora sobre a competitividade européia. "A verdade é que o crescimento na Europa não foi favorável nos últimos vinte anos", ele diz.

Não há ainda muitas notícias boas para aliviar o desapontamento. Porém, ao menos os líderes da Europa, e muitos de seus cidadãos, finalmente estão ficando apavorados: eles percebem que precisam começar a sacudir o estado de bem-estar do pós-guerra ou ficar tão atrás dos Estados Unidos que jamais os poderão alcançar. E não é somente em relação aos Estados Unidos que a Europa deve se preocupar. "A China não estava no mapa" há apenas dois anos, diz Erkki Liikanen, o comissário europeu para a sociedade da informação e do empreendimento. "Atualmente é o grande desafio para a Europa." A grande preocupação de Liikanen: o investimento europeu em pesquisa e desenvolvimento não apenas fica atrás daquele dos Estados Unidos, mas também em relação ao Leste Asiático. "A Europa está perdendo", diz o poderoso CEO da Nestlé, Peter Brabeck-Letmathe.

A outra boa notícia: a Europa pode encontrar as soluções de que precisa dentro de seu próprio território. Países periféricos de crescimento mais rápido, como Finlândia, Irlanda e Espanha, têm experimentado políticas pró-crescimento por anos. Mesmo dentro do núcleo franco-ítalo-alemão da zona do euro, alguns dos veneráveis preceitos da era pós-guerra estão sendo questionados pela primeira

GRANDE JOGADA

Olhar para os próprios vizinhos para encontrar modos de revigorar suas economias, via redução de auxílios-desemprego e outras reformas.

vez. Os impostos começam a ser reduzidos; os sistemas previdenciários estão sendo reformados para incentivar as pessoas a trabalhar mais, não menos, e benefícios sociais para desempregados tremendamente generosos estão sendo cortados. Na França, o pagamento baseado em mérito está em discussão para os escalões superiores do exército de 6 milhões de *fonctionnaires* do país. Na Alemanha, o chanceler Gerhard Schröder conseguiu que o Parlamento aprovasse reformas no final de agosto que reduzirão os benefícios a desempregados no próximo ano – algo que mesmo a ex-primeira ministra britânica Margaret Thatcher não tentou em seus 11 anos no poder. "Por anos, houve um dique impedindo uma enorme onda de reformas", diz Kurt Biedenkopf, ex-primeiro ministro da Saxônia, estado do Leste da Alemanha. "Agora o dique está começando a rachar. Biedenkopf, a exemplo de muitos críticos, argumenta que as

> **GRANDE JOGADA**
>
> Fomentar um renascimento industrial, investindo em ensino fundamental e médio, assim como em pesquisa e desenvolvimento, ao mesmo tempo em que se reduz a burocracia governamental.

reformas em andamento podem ser muito poucas e muito tardias – e a prazo muito longo. Aqueles que se opõem às mudanças ainda adotam o argumento de que as reformas inspiradas nas regras de mercado transformarão a Europa em uma economia à moda americana, selvagem e volátil, que os europeus não tolerarão. Tais argumentos encontram grande ressonância junto a muitas pessoas.

Essa é a razão pela qual uma guinada radical, como uma desregulamentação massiva dos mercados de trabalho, é improvável. Entretanto, se os europeus adotarem algumas medidas de curto prazo no rumo das reformas, eles poderão perceber um retorno tangível em taxas de crescimento mais elevadas. Poderia, de fato, ser o começo de um *New Deal* europeu – preservando elementos-chave do estado do bem-estar social tão prezado pelos europeus, com, por exemplo, a ausência de pobreza extrema, ao mesmo tempo em que haveria um crescimento mais forte. Um estudo *BusinessWeek/Global Insight* estima que uma série de passos menores elevariam a taxa de crescimento da Alemanha em 0,5% ao longo dos próximos dez anos. A redução do imposto de renda das pessoas físicas para 33% (de uma média européia de 38%), a elevação da idade para aposentadoria a 67 anos de uma média de 63, além da realização de um esforço para pressionar os trabalhadores desempregados a aceitar empregos seriam medidas concretas e poderosas, que demonstrariam que a Europa pode obter ganhos reais a partir de um certo número de mudanças administráveis. Mesmo um percentual extra de 0,2 de elevação da taxa de crescimento a longo prazo poderia agregar mais de um milhão de empregos na França por volta de 2010. "Pode haver um jeito europeu de gerar crescimento. Não é preciso que seja à moda americana", diz Nariman Behravesh, economista chefe da Global Insight Inc., com sede em Lexington, Massachusetts.

POTENCIAL ESTRANGULADO

Crescimento sem brilho e incerteza quanto ao futuro têm mantido os europeus apegados a seus euros, ao invés de os levar a gastá-los. Se os consumidores estivessem confiantes em relação a seus empregos e se sentissem mais ricos em função da redução do imposto de renda, estariam mais propensos a gastar esse dinheiro, disparando um maior crescimento. Mesmo o sistema político começa a entender isso. Em uma ruptura com o passado, Friedrich Merz, político alemão líder de centro-direita, propôs recentemente uma simplificação massiva do complicado código tributário alemão e o corte da faixa mais alta do imposto de renda de 48,5 para 36%. A proposta injetaria estimados US$ 11,6 milhões na economia. "Há muito potencial para a Europa crescer," diz Michael Hume, economista europeu sênior no Lehman Brothers Inc.

> **GRANDE JOGADA**
> Instituir uma série de pequenas medidas, como a redução do imposto de renda para as pessoas físicas, pode incrementar o crescimento.

Esse potencial precisa ser desbloqueado rapidamente. Hoje, os Estados Unidos e a União Européia têm aproximadamente o mesmo tamanho. Extrapolando as tendências atuais, a economia dos Estados Unidos será duas vezes maior que a da Europa em pouco mais que uma geração, observa Charles Grant, diretor do Centre for European Reform, instituto de estudos baseado em Londres. A afirmação vale mesmo considerando a ampliação da União Européia para o Leste. "Em virtude de o hiato estar crescendo tanto, torna-se mais e mais difícil solucionar os problemas no relacionamento transatlântico", diz Ulrich Guerot, especialista em política externa no DGAP de Berlin. "Não será mais um encontro entre iguais de maneira alguma."

Os custos políticos da falta de crescimento já estão crescendo de forma dramática. A derrota absoluta do referendo pró-euro na Suécia em 14 de setembro está levantando questionamentos sobre a coesão de longo prazo da União Européia. Para os suecos, assim como para um crescente número de outros europeus – dos britânicos e dinamarqueses tradicionalmente independentes aos espanhóis e cidadãos de países menores com taxas de crescimento mais altas, tais como a Irlanda, a Finlândia e a Holanda – a idéia de "Europa" está se tornando mais e mais sinônimo de crescimento lento, desemprego elevado, protecionismo de indústrias ultrapassadas e de um viés de Bruxelas em favor da França e da Alemanha. Porém, se a periferia da Europa está inquieta, é precisamente essa periferia que oferece as maiores esperanças. De fato, se a França, a Alemanha e a Itália fossem retiradas da equação, as taxas do crescimento europeu pareceriam mais com a trajetória recorde dos Estados Unidos ao longo da última década. Praticamente e por motivos óbvios, sem aqueles três países, que respondem por mais da metade do PIB da União Européia, não restaria muito da Europa. Mas tanto a Finlândia como a Irlanda cresceram mais rapidamente que os Estados Unidos desde o começo da década de 1990. Christopher Smallwood, consultor econômico do Barclays PLC., estima que a Grã-Bretanha ultrapassará a Alemanha, para tornar-se a maior economia da Europa, em uma geração. "As diferenças dentro da Europa são de fato maiores que a diferença entre a média européia e os Estados Unidos", diz Daniel Gross, diretor do instituto de estudos baseado em Bruxelas, Centre for European Policy Studies.

HISTÓRIAS DE SUCESSO

> **GRANDE JOGADA**
> Reduzir as despesas governamentais e introduzir isenção de impostos para pequenas e médias empresas pode ajudar a criar um clima positivo para as *start-ups*.

Veja a Dinamarca. Sua iniciativa no começo da década de 1990 de tornar mais fácil contratar e demitir trabalhadores levou a um crescimento sustentável do nível de emprego, dando a esse Estado peninsular de 5,2 milhões de habitantes uma taxa de desemprego de 6%, ao mesmo tempo em que a taxa de desemprego na Alemanha ronda acima dos 10%. A economia da Dinamarca tem um crescimento anual médio de 2,6% desde 1994, comparados com apenas 1,4% na Alemanha. Os dinamarqueses cortaram direitos, incluindo transferências da seguro social, e aumentaram os impostos indiretos. Isso deu-lhes a capacidade de direcionar recursos para o ensino superior e para pesquisa e desenvolvimento. Atualmente, a Dinamarca é o terceiro maior exportador de produtos farmacêuticos *per capita* e está entre os líderes mundiais de patentes de biotecnologia.

O sucesso da Dinamarca e de outros países serve aos europeus como *benchmark*, em relação ao qual podem medir seus esforços. Graças ao mercado comum e ao euro, é mais simples que nunca rastrear as diferenças de desempenho nacional. Isso está levando a um questionamento sem precedentes da legislação *Kündigungsschutz* da Alemanha, que torna as demissões onerosas e demoradas. Agora, diz Jérôme Caille, executivo chefe da Adecco, agência de empregos gigante com sede na Suíça, "se uma política como essa funciona, outro país irá copiá-la rapidamente."

> **GRANDE JOGADA**
> Cortar benefícios sociais e aumentar impostos indiretos deram à Dinamarca a possibilidade de direcionar recursos para a educação superior e para pesquisa e desenvolvimento.

Considere este exemplo: em junho passado, os economistas da Alemanha e o ministro do trabalho Wolfgang Clemente viajaram à Grã-Bretanha para observar como o novo governo trabalhista usou os centros de emprego para enfrentar o desemprego entre os jovens. Impressionado, Clement conseguiu a aprovação de medidas apenas quatro meses mais tarde, criando as versões alemãs dos centros de emprego britânicos.

Mesmo os franceses estão dando crédito aos britânicos. O sucesso do primeiro ministro Tony Blair em manter o desemprego em nível equivalente a praticamente a metade dos níveis continentais atraiu atenção positiva do jornal de centro-esquerda *Le Monde*, que publicou, em 27 de outubro, um apaixonado editorial intitulado "Crescimento e Emprego: Em Louvor a Tony Blair." O editorial concluiu que: "é o coração do New Deal [de Blair]: você pode perder seu emprego, mas a sociedade não garantirá que você encontre outro."

No entanto, não espere uma revolução à Margaret Thatcher no continente. "Não teremos terapia de choque", diz Renaud Dutreil, o ministro francês à frente da política relativa às pequenas empresas. Mas Dutreil está combatendo as dificuldades de se estabelecer uma pequena empresa na França. Ele reduziu a exigência de capital mínimo para uma nova empresa de 30.000 euros para apenas 1 euro, uma razão para que a criação de negócios novos esteja começando a surgir. "É verdade que estamos culturalmente atrás dos outros, quando se trata de espírito empreendedor, mas posso afirmar-lhes que agora temos uma política de crescimento", ele diz.

> **GRANDE JOGADA**
>
> Observar as soluções adotadas por outros países em relação ao desemprego entre jovens e aplicá-las em casa.

Esse francês tem seus pares na Itália. A princípio, é difícil de perceber. Os sindicatos da Itália estão de armas em punho contra projetos de manter as pessoas no trabalho por mais tempo antes que tenham direito à aposentadoria, e greves esporádicas fazem o país parecer tão ingovernável como de costume. Porém, pequenas empresas poderão, em breve, vir a beneficiar-se de grandes reduções tributárias. Giulio Tremonti, ministro da Economia e Finanças, tomou a iniciativa de cortar impostos sobre ganhos de capital para indivíduos de 19% para apenas 12,5% e para as pessoas jurídicas de 50% para 33,5%. "Os empreendedores agora têm um cenário melhor na Itália do que em outros lugares da Europa", diz Simone Cimino, CEO da Natexis-CAPE, um grupo de capital privado com sede em Milão.

A grande esperança dos políticos franceses, alemães e italianos é que o efeito cumulativo de tais reformas seja suficiente para evitar a necessidade de medidas ainda mais radicais. Essas reformas estão sendo cuidadosamente observadas por países menores, que se preocupam com o fato de as reformas não levarem a um crescimento suficientemente rápido no núcleo da zona de influência do euro. Ademais, mesmo políticos na periferia dinâmica tornam-se tímidos. O primeiro ministro José Maria Azar fez muito para fomentar o crescimento da Espanha, mas vem se arrastando em relação à desregulamentação do mercado de trabalho. O progresso da desregulamentação trabalhista na Alemanha e França pode dar o pontapé inicial no processo da Espanha. Os países menores fizeram sua parte. Com as metas de Lisboa recuando ainda para mais longe no futuro, é mais do que hora de os membros mais importantes da família européia fazerem o que lhes cabe.

MANHÃ DE SEGUNDA-FEIRA

O PROBLEMA
Estimular uma economia apática e torná-la uma potência global.

Modificar o estado de bem-estar social do pós-guerra, de modo a criar um ambiente favorável para o setor privado.

A SOLUÇÃO
Romper com o desemprego crônico. Oferecer aos jovens, recém-ingressos no mercado de trabalho, ajuda na procura de emprego e incentivá-los a libertar-se dos subsídios governamentais.

Desenvolver uma fonte de suprimento de talentos empresariais. Despejar recursos no sistema educacional e subvencionar cientistas que trabalhem com idéias de negócios de ponta.

Dissecar as instituições políticas e analisar se o sistema em si é um obstáculo às reformas econômicas.

Não tentar mudanças arrasadoras. Realizar, ao contrário, modificações pequenas nas políticas fiscal e de investimentos que terão um efeito maior sobre a economia.

SUSTENTANDO O SUCESSO
Prestar muita atenção às economias emergentes e analisar como tirar proveito de seu crescimento.

ESTADOS UNIDOS: UMA NAÇÃO HISPÂNICA

JOGADOR

Os hispânicos são um grupo de imigrantes como nenhum outro. Seu enorme contingente está desafiando antigas teorias sobre assimilação. Os Estados Unidos estarão prontos? Que lições este estudo de caso tem para nossa economia globalizada?

Este artigo marcante, de março de 2004, foi reportagem de Brian Grow, com Ronald Grover, Arlene Weintraub, Christopher Palmeri, Mara Der Hovanesian e Michael Eidam.

PLANO DE AULA

Reconhecer que os cidadãos de origem hispânica, como o maior grupo minoritário dos Estados Unidos, estão se tornando uma força econômica, ao mesmo tempo em que se apegam a suas tradições culturais.

Conquistar o mercado de consumo latino, por meio de estabelecimento de marcas, remodelação de produtos e publicidade, para atrair os hispânicos.

Atrair o poder de compra dos latinos, abrindo negócios com funcionários latinos e também dirigidos por latinos em comunidades dominadas por esse segmento social.

O MUNDO SEM FRONTEIRAS

Maria Velazquez nasceu em um hospital mambembe na fronteira entre os Estados Unidos e o México, e desde então tem mantido um pé em cada país. Com 36 anos, filha de um trabalhador braçal, imigrante mexicano que cuidava de plantações de morango e de alface na Califórnia na década de 1960, ela passou seus primeiros nove anos como uma nômade, cruzando a fronteira com sua família a cada verão para acompanhar seu pai que ia trabalhar. Finalmente, seus pais e seus seis filhos estabeleceram-se em um *barrio* de Chicago, onde Maria aprendeu inglês na escola pública local e conheceu Carlos Velazquez, que havia imigrado do México adolescente. Casaram-se em 1984, quando Maria estava com 17 anos, e mudaram-se para Cicero, Illinois. Seus pais retornaram à sua terra natal no ano seguinte com seu cinco filhos mais novos.

Os Velazquez falam inglês fluentemente e prezam sua condição de classe média nos Estados Unidos. Maria e Carlos ganham, cada um, US$ 20.000,00 por ano, respectivamente como administradora escolar e chefe de equipe em um cemitério. Eles são proprietários de uma casa simples de três dormitórios. Eles, contudo, mantêm-se vinculados à língua e cultura maternas. Espanhol é a língua falada em casa, mesmo para seus cinco filhos, com idades de 6 a 18 anos. Os garotos falam entre si e com seus amigos em inglês intercalado por "dude" e "man". Todavia, em Cicero, onde 77% dos 86.000 habitantes são hispânicos, o espanhol é dominante.

Os garotos mais velhos freqüentam as *taquerias* locais, quando não comem em casa onde os pratos preparados por Maria vão de frango ao molho *mole* e *enchiladas*. A família lê e assiste a programas de televisão tanto em inglês como em espanhol. O garoto mais velho, Jesse, é calouro na Morton College e sonha tornar-se policial militar; sua namorada também é hispano-americana de origem mexicana. "É importante que eles conheçam sua origem, que se mantenham vinculados a suas raízes", diz Maria, que pula do espanhol para o inglês enquanto dá entrevista à *BusinessWeek*. Ela tenta levar seus filhos para visitar os avós no vilarejo mexicano de Valle de Guadalupe pelo menos uma vez por ano. "Isso dá-lhes uma boa base de onde começar."

Os Velazquez, com suas afinidades culturas mistas, estão no centro do novo vértice demográfico dos Estados Unidos. Os *baby boomers* deram lugar aos *bebé boomers*, que estão chegando. Eles são 39 milhões, incluindo cerca de 8 milhões de imigrantes ilegais – bilingües, de cultura hispano-americana, na maioria jovens que conduzirão o crescimento populacional e a força de trabalho nos Estados Unidos para além do que os estatísticos podem projetar. Vindos de toda a América Latina mas predominantemente do México, e com altas taxas de natalidade, esses imigrantes estão criando o que os especialistas chamam de "tamale in the snake", um enorme grupo de hispânicos compreendendo desde crianças no jardim-de-infância até jovens adultos de trinta e poucos anos, criado pela pura velocidade de seu crescimento populacional – 3% ao ano versus 0,8% para todo o resto.

Os latinos, como preferem ser chamados, oficialmente ultrapassaram o número de afro-americanos no ano passado, para tornarem-se a maior minoria do país. Seus números são tão grandes que, como seus antecedentes *baby boomers* do pós-guerra, tornaram-se a geração latina com grande força na economia, na política e na cultura.

INFLUÊNCIA CULTURAL

Essa circunstância representa nada menos que uma mudança no centro de gravidade do país. Os hispânicos passaram a representar metade do contingente de novos trabalhadores na década passada, uma tendência que os levará de cerca de 12% da força de trabalho atual para cerca de 25% nas pró-

> **GRANDE JOGADA**
> Tirar vantagem das oportunidades disponíveis no mercado hispânico de classe média.

ximas duas gerações. Apesar da baixa renda familiar – de US$ 33.000,00 de média por ano, atrás da média nacional de US$ 42.000,00 –, o crescente poder de compra dos hispânicos influencia cada vez mais o tipo de alimentos que os americanos consomem, as roupas que compram e os carros que dirigem. As empresas lutam para renovar seus produtos e estratégias de marketing para atingir o grupo de consumidores de crescimento mais rápido. Os sabores latinos também estão se infiltrando na cultura dominante. Sendo os jovens hispânicos a maioria ou quase a maioria no grupo abaixo de 18 anos, em cidades como Los Angeles, Miami e San Antonio, o que é moda lá espalha-se para os subúrbios, do mesmo modo como o rap extrapolou os limites dos bairros negros no final da década de 1980.

O peso político dos hispânicos também está crescendo. Na campanha eleitoral que provavelmente será tão acirrada quando a última, os latinos podem ser um bloco decisivo. Na verdade, o crescimento do número de eleitores hispânicos desde 2000 atualmente supera a margem de vitória em sete Estados tanto para o presidente George Bush como para o ex-vice-presidente Albert Gore, segundo um novo estudo realizado por HispanTelligence, um grupo de pesquisa de Santa Barbara (Califórnia). Bush abriu o ano eleitoral com uma proposta de trabalhador-convidado para imigrantes especializados o que parece uma forma de atrair votos de eleitores de origem latina. Ele seguirá com uma reaproximação com o presidente mexicano Vicente Fox, que deverá visitar Bush em seu rancho em Crawford, Texas, em 5 de março. Os democratas, tradicionalmente o partido dominante entre os hispânicos, também fazem sua campanha. O novo governador do Estado do Novo México, Bill Richardson, americano de origem mexicana e potencial candidato à vice-presidência, apresentou pela primeira vez na história uma versão em espanhol da contestação ao discurso anual do Presidente da República sobre o estado na nação perante o Congresso.

Os Estados Unidos nunca antes enfrentaram uma mudança demográfica como essa. Certamente, a explosão latina traz consigo uma contribuição bem-vinda para a economia, no momento em que o crescimento de outros grupos populacionais diminuiu. Sem uma contribuição estável de trabalhadores e consumidores novos, os Estados Unidos, cuja população envelhece, podem ter pela frente um esmorecimento econômico de longo prazo nas linhas do Japão, demograficamente envelhecido, diz Henry Cisneros, ex-dirigente do Housing and Urban Development, que atualmente constrói casas em mercados hispânicos ricos, como San Antonio. "Aqui, nós temos essa população latina, jovem e trabalhadora, que tem seus melhores anos produtivos ainda pela frente", ele diz.

> **GRANDE JOGADA**
> Entender a influência econômica de um segmento do mercado, cuja renda disponível cresceu substancialmente.

Os latinos já são elementos catalisadores do crescimento econômico. Sua renda disponível deu um salto de 29% desde 2001, alcançando US$ 652 bilhões no ano passado, o dobro do ritmo de crescimento da renda do restante da população, segundo Sellig Center for Economic Growth da Universidade da Georgia. Do mesmo modo, a posição relativa do empresariado latino melhorou em 30% desde 1998, conforme os cálculos do Internal Revenue Service. "O impacto da população hispânica é enorme, especialmente porque se trata do segmento de crescimento demográfico mais rápido", diz Carlos Vaquero, vice-presidente da Merrill Lynch & Co., ele próprio um imigrante mexicano que vive em Houston. Vaquero supervisiona parte das 350 pessoas da unidade hispânica da empresa, que neste ano está contratando cem consultores, na maioria bilíngües, e que, no ano passado, gerou US$ 1 bilhão em novos negócios em nível nacional, o dobro de sua meta.

Entretanto, o aparecimento de um grupo minoritário tão distinto também exige grandes ajustes. Os hispânicos já motivam as instituições americanas a acomodar um segundo grupo lingüístico. O Ministério do Trabalho e a Social Security Administration estão contratando mais administradores fluentes em espanhol para dar conta do surgimento de trabalhadores de língua espanhola. Os políticos, igualmente, estão cada vez mais se comunicando com os hispânicos em seu próprio idioma.

O que ainda não está claro é se a coesão social hispânica será tão forte a ponto de realmente ameaçar a concepção de um *melting pot* americano. No limite, ardorosos defensores do processo de assimilação temem que a disseminação do espanhol eventualmente leve o Congresso a reconhecê-lo como uma segunda língua oficial, assim como o francês no Canadá de hoje. Alguns até mesmo prevêem uma dominação latina à moda de Quebec em Estados como o Texas e a Califórnia, o que encorajará o separatismo, uma visão expressa em um livro recente, intitulado *Mexifornia: a state of becoming*, de autoria de Davis Hanson, professor de história no campus de Fresno da Universidade Estadual da Califórnia. Essas opiniões recentemente tiveram eco no futuro livro, intitulado *Who are we*, de autoria do cientista político Samuel P. Huntington, da Universidade de Harvard.

Os críticos argumentam que legiões de pessoas de baixo nível educacional e que não falam inglês estão solapando a economia dos Estados Unidos. Todavia, o influxo estável de trabalhadores de baixa qualificação ajuda a manter os jardins americanos bem cuidados e os assoalhos limpos. Esses trabalhadores também exercem pressão para baixo sobre os salários na estrutura inferior das remunerações. Isso já causa atrito com os afro-americanos, que percebem seus empregos e salários ameaçados. "Como iremos competir em um mercado globalizado, quando 50% do grupo demográfico de maior crescimento não conclui o ensino médio?", pergunta Richard D. Lamm, ex-governador do Colorado, que atualmente é um dos dirigentes do centro de políticas públicas da Universidade de Denver.

> **GRANDE JOGADA**
>
> Levar em consideração que, ao invés de serem assimilados como outros grupos de imigrantes, os latinos tendem a apegar-se a sua cultura e a sua língua.

Entretanto, muitos especialistas pensam que é mais provável que os Estados Unidos encontrem um modelo novo, mais à moda de *salad bowl* que de *melting pot*, que possa acomodar o subgrupo latino sem maiores revoltas. "Os Estados Unidos têm de aprender a conviver com a diversidade – a mudança no perfil populacional, na mídia [em língua espanhola], em imigração", diz Andrew Elrich, o fundador de Elrich Transcultural Consultants Inc., com sede em North Hollywood, Califórnia. Os hispânicos não estão se assimilando, mas se aculturando – adquirindo uma nova cultura ao mesmo tempo em que retêm a original – diz Felipe Korzenny, professor de marketing hispânico na Universidade Estadual da Flórida.

Tudo se resume ao seguinte: quanto os hispânicos mudarão os Estados Unidos e quanto os Estados Unidos irão mudá-los? Em toda a história do país, ondas sucessivas de imigrantes abandonaram suas línguas e culturas maternas e integraram-se à classe média. Nem sempre acontece de imediato. Ao longo das grandes imigrações européias do século XIX, os alemães estabeleceram-se em uma área, que se estendia da Pennsylvania a Minnesota. Eles tinham suas próprias escolas, jornais e comércio, e falavam alemão, diz Demestrios G. Papademetriou, co-fundados do Migration Policy Institute em Washington. Porém, em poucas gerações, seus filhos passaram a falar apenas inglês e adotaram as aspirações e os hábitos americanos.

Os hispânicos podem ser diferentes, e não apenas porque muitos não são brancos. Na verdade, Maria Velazquez teme que seus garotos percam o espanhol e incentiva-os a falar mais a língua de origem. Mesmo assim, atualmente os hispânicos têm mais chances que outros grupos de imigrantes de permanecerem dentro de sua cultura. Com redes nacionais de televisão, como Univision Communications Inc., e centenas de enclaves em que se fala primordialmente espanhol, como Cicero, os hispânicos podem considerar prático permanecer bilíngües, Atualmente, 78% dos latinos nos Estados Unidos falam espanhol, mesmo que também saibam inglês, de acordo com o Census Bureau.

PARA FRENTE E PARA TRÁS

GRANDE JOGADA
Atrair consumidores hispânicos, por meio de representantes comerciais e empregados que falem espanhol, catálogos e publicidade na TV e no rádio também em espanhol.

Os 21 milhões de imigrantes mexicanos têm em comum algo que nenhum outro grupo de imigrantes teve: eles estão à distância de uma viagem de automóvel de seu país natal. Muitos deles rotineiramente vão e voltam, mantendo laços que os europeus nunca puderam manter. Suas identidades dúplices são reforçadas pelo influxo constante de novos imigrantes latinos – aproximadamente 400.000 por ano, o fluxo mais alto na história dos Estados Unidos. Esse fluxo estável de recém-chegados tem a probabilidade de manter os estrangeiros, que habitualmente falam preferencial ou exclusivamente espanhol, como um terço da população hispânica nos Estados Unidos por várias décadas. Sua presença significa que "a língua espanhola é constantemente relembrada, o que é um dos contrastes mais marcantes com o pensamento geral sobre o *melting pot*", diz Roberto Suro, diretor do Pew Hispanic Center, um grupo latino de pesquisa em Washington.

INTEGRAÇÃO SOCIAL

O fracasso em desenvolver habilidades deixa muitos hispânicos encurralados em trabalhos de baixa remuneração no setor de serviços, que oferecem poucas oportunidades de avanço. Também o nível de renda não melhorará tão cedo, em especial para os milhões de hispânicos em situação irregular. A maioria desses imigrantes, desde ambulantes mexicanos nas esquinas de Los Angeles a trabalhadores guatemaltecos nas avícolas da Carolina do Norte, trabalha duramente no setor crítico da economia dos Estados Unidos. Muitos hispânicos com baixos salários estariam bem melhor economicamente se deixassem os *barrios* e se deixassem assimilar pela sociedade americana. A maioria, com toda probabilidade, enfrenta menor preconceito racial que os afro-americanos, pois os latinos formam um grupo étnico e lingüístico diversificado, compreendendo várias nacionalidades, desde os argentinos que têm uma herança européia forte, aos dominicanos com sua grande população negra. Mesmo assim, a atração de uma língua comum mantém muitos deles em um país à parte.

> **GRANDE JOGADA**
>
> Considerar a renda familiar e o rendimento informal dos membros da família, ao avaliar as inscrições de latinos.

Certamente, imigrantes dirigem-se com freqüência a lugares em que possam obter apoio de seus compatriotas ou mesmo de ex-vizinhos. Cerca de 90% dos imigrantes vindos de Tonatico, um lugarejo a 140 quilômetros da Cidade do México, encaminham-se para Waukegan, Illinois, agregando-se aos 5.000 naturais de Tonatico que já se encontram ali. Em Miami, naturalmente, os cubanos predominam. "Miami tem bancos hispânicos, escritórios de advocacia hispânicos, hospitais hispânicos, de modo que de alguma forma você pode levar sua vida em espanhol aqui", explica Leopoldo E. Guzman, 57 anos. Ele veio de Cuba para os Estados Unidos com 15 anos e transformou a graduação pela Columbia University em um emprego no Lazard Frère & Co., antes de fundar o banco de investimento Guzman & Co.

Ou observe a lar Velazquez em Cicero, uma cidade fabril poeirenta, que chegou a ter fama como o quartel general de Al Capone. Originalmente habitada por tchecos, poloneses e eslovacos, esse subúrbio de Chicago entrou em decadência na década de 1970, quando as fábricas fecharam e os então residentes saíram à procura de empregos. Então, uma onda de jovens imigrantes mexicanos levou à atual predominância hispânica, partindo de 1% do total de habitantes em 1970. Atualmente, o prefeito é um imigrante mexicano, Ramiro Gonzalez, e os hispânicos substituíram os de origem européia nas fábricas remanescentes e nas escolas locais. Ainda é possível que as crianças latinas de Cicero sigam o caminho de tantos outros imigrantes e venham a mudar-se para bairros não-hispânicos. Se eles ou seus filhos assim fizerem, provavelmente todos abandonarão o espanhol, gradualmente casarão com não-hispânicos e integrar-se-ão à sociedade americana.

Porém, muitos pesquisadores e cientistas dizem que isso não é provável para muitos hispânicos. De fato, um estudo sobre assimilação e outros fatores demonstra que, ao mesmo tempo em que o número de latinos que preferem falar espanhol tenha despencado em anos recentes na medida em que os filhos de imigrantes crescem falando inglês, não houve qualquer crescimento do número daqueles que preferem falar apenas inglês. Ao contrário, o estudo realizado pelo HispanTelligence revelou que o grupo que fala ambas as línguas aumentou seis pontos percentuais desde 1995, chegando a 63%, e é provável que dê um salto para 67% em 2010.

A tendência no rumo da aculturação em vez de assimilação é ainda mais decidida entre a juventude latina. Atualmente, 97% das crianças mexicanas, cujos pais são imigrantes, e 76% das crianças hispânicas imigrantes, sabem espanhol, mesmo que aproximadamente 90% delas também fale inglês muito bem, segundo um estudo de uma década realizado pelo sociólogo Rubén G. Rumbault da Universidade da Califórnia em Irvine. Mais impressionante é o fato de que essas crianças latinas mantêm sua língua materna a uma taxa que é quatro vezes maior que a dos filhos de imigrantes filipinos, vietnamitas ou chineses. "Antigamente, os imigrantes tentavam tornar-se americanos tão rapidamente quanto possível", diz Sergio Bendixen, fundador de Bendixen & Associates, uma empresa de pesquisa de opinião pública, com sede em Coral Gables, Flórida, que se especializou em mercado de hispânicos. "Atualmente, é o oposto."

VENDENDO EM ESPANHOL

Em sua avidez por absorver o mercado hispânico em expansão, as empresas americanas estão ajudando a reforçar as preferências de dupla cultura dos hispânicos. No ano passado, a Procter & Gamble Co. gastou US$ 90 milhões em publicidade dirigida aos latinos para 12 produtos, tais como Crest e Tide – 10% de seu orçamento publicitário para tais produtos –, representando um aumento de 28% em apenas um ano. Por certo, a P&G vem fazendo marketing voltado aos hispânicos há décadas, mas o gasto decolou depois de 2000, quando a empresa formou uma equipe de 65 pessoas para ter como alvo os hispânicos. Agora, a P&G faz tudo sob medida para o gosto dos latinos, de detergente a creme dental. No ano passado, ela acrescentou um terceiro aroma ao detergente Gain, chamado "white-water fresh", depois de descobrir que 57% dos hispânicos gostam de sentir o cheiro do que compram. Agora, o crescimento das vendas do Gain alcançaram dois dígitos no segmento latino do mercado, ultrapassando o crescimento geral das vendas nos Estados Unidos. "Os latinos

ESTADOS UNIDOS

são a pedra de toque de nosso crescimento na América do Norte", diz Graciela Eleta, vice-presidente da equipe multicultural da P&G em Porto Rico.

Outras empresas estão aventando hipóteses similares. Em 2002, a PacifiCare Health Systems Inc., com sede em Cypress (Califórnia), contratou Russel A. Bennett, há anos morando na Cidade do México, para ajudá-la a ter como alvo os latinos. Sem demora, ele descobriu que eles já representavam 20% dos 3 milhões de segurados da PacifiCare. Então, a nova unidade de Bennett, Latino Health Solutions, começou uma campanha de marketing de seguro-saúde em espanhol, enviando clientes de origem hispânica a médicos que falassem espanhol, além de traduzir documentos para o espanhol para trabalhadores latinos. "Sabíamos que tínhamos de reformular a empresa toda, lingüística e culturalmente, para atuar nesse mercado", diz Bennett.

> **GRANDE JOGADA**
> Ter em mira exclusivamente os latinos como um mercado inexplorado.

Em algumas empresas, passou-se a falar somente em espanhol. Depois que comerciantes hispânicos locais roubaram muito de sua freguesia em uma localidade de Houston, em que 85% da população passara a ser de latinos, a Kroger Co., a rede de supermercados número um do país, gastou US$ 1,8 milhões no ano passado para transformar uma loja de 20.000 m² em um supermercado absolutamente latino. Agora, cartazes em espanhol dão as boas-vindas aos fregueses, e bagres e folhas de bananeira podem ser encontrados nas gôndolas. Por todo o país, Kroger expandiu sua linha própria de produtos da marca Buena Comida, passando do padrão arroz e feijão para 105 itens diferentes.

Na medida em que a população de língua espanhola aumenta, as mídias em espanhol vêm se transformando de um nicho de mercado em uma indústria que se auto-sustenta. As receitas publicitárias nos canais de televisão em espanhol devem subir cerca de 16% neste ano, mais que em outros segmentos de mídia, segundo a TNS Media Intelligence/CMR. A audiência da Univision, o maior conglomerado de mídia em língua espanhola dos Estados Unidos, subiu 44% desde 2001 e 146% na faixa de espectadores de 18 a 34 anos. Muitos espectadores vieram de redes com transmissões em língua inglesa, cuja audiência declinou no mesmo período.

De fato, alguns anos atrás, a Univision tentou facilitar a assimilação dos telespectadores de origem hispânica, colocando programas em inglês na grade de seu canal a cabo Galavision. Foi um tremendo fracasso, diz Ray Rodriguez, presidente da Univision, então ele voltou para a programação somente em espanhol em 2002 – e a audiência de espectadores entre 18 e 34 anos cresceu 95% naquele ano. "Nós fazemos o que as redes não fazem, ou seja, dedicamos

53

um bocado de nossos programas ao que interessa à comunidade latina", diz Jorge Ramos, novo âncora de noticiários da Univision.

A disseminação da cultura hispânica nos Estados Unidos levanta uma série de questões políticas. Ao longo dos anos, resistências periódicas explodiram em áreas com população latina em rápido crescimento, com destaque para o esforço do ex-governador da Califórnia, Pete Wilson, conhecido como Proposição 187, em 1994, para impedir a prestação de serviços sociais a imigrantes em situação irregular. Leis impondo o uso exclusivo do inglês, que limitam ou proíbem as escolas e as repartições públicas de usar espanhol, foram editadas em cerca de 18 Estados. A maior parte desses esforços foram ineficazes, mas eles provavelmente continuarão a existir enquanto a presença latina aumentar.

Por mais de 200 anos, a nação foi bem-sucedida em integrar os estrangeiros ao tecido social dos Estados Unidos, incorporando levas de novas culturas ao longo do caminho. Com seus enormes contingentes, os hispânicos estão exercendo todo o tipo de influências novas. Ao Dia de São Patrício, Cinco de Mayo somou-se como celebração pública em alguns bairros, e *burritos* fazem parte da alimentação de todo o dia. Mais e mais, os americanos *hablan español*. Os hispânicos serão absorvidos assim como outras ondas de imigrantes foram? É possível, mas é mais provável que eles continuem a viver em dois mundos, descobrindo meios de permanecer latinos mesmo quando se tornam americanos.

AÍ VÊM OS COMPRADORES LATINOS DE IMÓVEIS

Henry Cisneros, ex-secretário da HUD, diz que por volta do final da década esse grupo terá comprado aproximadamente 3 milhões de casas, incluindo milhares construídas por sua própria empresa.

Poucos executivos tiveram uma carreira tão diversificada como Henry Cisneros. Ele foi o primeiro prefeito de origem hispânica de uma cidade importante dos Estados Unidos (San Antonio). Mais tarde, ocupou o cargo de ministro de Desenvolvimento Urbano e Habitação durante o governo do presidente Clinton e, em seguida, foi presidente da rede de telecomunicação hispânica, Univision Communications, durante a década de 1990.

Atualmente, mais uma vez em atividade foram de sua base doméstica em San Antonio, Cisnero é o presidente e CEO da American CityVista, uma joint venture entre ele e a construtora KB Home, que tem sede em Los Angeles. Seu plano, como ele explicou a BusinessWeek Online, é trazer a economia de escala de uma grande construtora com atuação em subúrbios para os centros urbanos, freqüentemente de população hispânica, mercados onde a demanda habitacional deve aumentar. Recentemente, ele falou com Christopher Palmeri da *BusinessWeek*. Alguns trechos dessa conversa.

P: O empresariado americano está realmente começando a prestar atenção ao consumidor hispânico?

R: Eu conheço o impacto desse mercado desde meu tempo na Univision. É a rede que ocupa a quinta colocação em nível de audiência no país. Em alguns mercados, como em Los Angeles e em Miami, é a mais assistida. As empresas começam a reconhecer que esse mercado não é mais periférico, de benemerência ou filantrópico, mas um bom negócio. A indústria automobilística está percebendo um dramático nivelamento das vendas, na medida em que os *boomers* atingem seus 50 e tantos anos e diminuem o ritmo com que costumavam comprar carros. Se os latinos forem somados, o mercado de automóveis cresce em 100.000 unidades por ano. Você vê empresas tomarem decisões baseadas neste fato.
A Toyota está construindo uma fábrica em San Antonio. Ela escolheu o local em vista da opinião de sua equipe de marketing, porque ela desejava ter uma presença maior em Estados onde os latinos representam uma grande parte da população. Os latinos serão os operários da fábrica. Muitas e muitas outras empresas estão fazendo projeções similares. Toda empresa deseja exercer atração sobre um grupo demográfico mais jovem e com famílias numerosas.

P: E isto também é verdade no setor da construção civil?

R: Porque a KB tem presença marcada no Sudoeste americano, onde em praticamente todo lugar o mercado é latino. A KB pode tornar-se a construtora da escolha do grupo demográfico que mais cresce nos Estados Unidos. Nossa missão é levar a capacidade de produção suburbana da KB para os centros das cidades.
Por definição, temos uma relação de proximidade com os latinos. O que estamos descobrindo é que essa característica é uma grande oportunidade, em razão da taxa de constituição de novos lares entre os latinos. É o maior crescimento de compra de moradias de qualquer grupo demográfico nos Estados Unidos. Dez milhões de novos lares serão formados até o final da década; a metade desse número será de minorias, e mais da metade deste último será de hispânicos. Isto são quase 3 milhões de novas moradias que poderão ser vendidas às famílias latinas.

P: O que é necessário para chegar aos consumidores hispânicos?

R: Os requisitos são: ter empregados fluentes em espanhol e ter materiais em espanhol, com foco na educação, na situação de crédito e no conhecimento financeiro do proprietário da casa. Construímos um condomínio residencial em San Antonio – Lago Vista. Nenhuma casa nova havia sido construída ali em quarenta anos. As pessoas estavam céticas. Nós vendemos 280 casas em dois anos. A estimativa inicial era de US$ 80.000,00 a US$ 90.000,00 por unidade. De fato, elas estão sendo vendidas em média por US$ 150.000,00. Eles estão exigindo projetos especiais, como espaços familiares maiores. Há uma nova planta com um piso aberto, em que a cozinha é integrada às salas de estar e de jantar. Assim, mamãe pode cozinhar e olhar as crianças, que estão brincando ou fazendo a lição de casa.

> **GRANDE JOGADA**
>
> Contratar empregados que falem espanhol, distribuir material de venda em espanhol e manter o foco na educação, na situação de crédito e no conhecimento financeiro do proprietário da casa como iniciativas para conquistar o mercado latino.

Funciona para a sensibilidade dos latinos: as pessoas permanecendo mais próximas, os quintais com instalação para preparar churrasco. Aspectos que se relacionam ao estilo de vida latino de socialização familiar. Nós fazemos projetos que atendam as necessidades das pessoas. Dadas as proporções da família latina, eles precisam de mais quartos. Uma porção de latinos quer ficar próxima de outros membros da família, em bairros antigos, nas vizinhanças de sua igreja.

O que ouço com mais freqüência é "obrigado por construir casas nesta parte da cidade. Eu sempre quis viver aqui, mas não havia construções novas. Minha mãe está tomando conta das crianças". É muito comum que membros da família tomem conta uns dos outros.

P: A razão pela qual os construtores negligenciaram essas localidades não seria a de que os residentes não poderiam pagar por casas novas?

R: Estamos trabalhando muito com financiadoras. Atualmente, elas prestam atenção a certas coisas, como a maneira de os consumidores avaliarem a experiência do aluguel; elas ajudam as pessoas a corrigir seus problemas de crédito.

ESTADOS UNIDOS

A população latina é tremendamente trabalhadora. Os salários são baixos, mas eles têm dois, três ou quatro trabalhadores em cada casa. No Sul da Califórnia, 52% tinha, no mínimo, três trabalhadores na família. Então, toda a família funciona como uma unidade de classe média. Eles podem trabalhar como jardineiros, mas, quando são três a trabalhar, eles vivem como qualquer um da classe média. É um enorme fenômeno.

P: Assim a imigração, do seu ponto de vista, ainda é uma coisa boa para os Estados Unidos?

R: Será uma das graças para a salvação de nosso país. O Japão, assim como a Alemanha, a França e a Itália, está preocupado com o envelhecimento e a homogeneidade de sua população. Eles enfrentam cenários de crescimento negativo. Aqui, nos Estados Unidos, temos essa população mais jovem e trabalhadora, cujos anos mais produtivos ainda estão por vir.
A maioria dos americanos não reconhece essa importante vantagem. Eles pensam que os hispânicos são menos educados. Eles falam com sotaque, mas são uma grande contribuição para nosso país.

P: Mas há o perigo de que os Estados Unidos venham realmente a ter uma classe de cidadãos que fale somente espanhol?

R: As pessoas aprendem inglês na segunda geração. A cultura americana é poderosa, da música à cultura pop e aos esportes. A aculturação é muito rápida em uma geração ou duas. Não é raro encontrar latinos mais jovens que são completamente aculturados na segunda geração.

P: Quais são suas projeções de crescimento para a American CityVista? Quanto as casas custam e que percentual dos compradores é de origem hispânica?

R: Nós vendemos mais de 1.500 casas. Com os condomínios que temos em construção, venderemos mais 2.500 unidades. Considerando os condomínios já aprovados [mas ainda não em fase de construção], 8.000 casas. No Texas, os preços variam de US$ 90.000,00 a US$ 150.000. Na Califórnia, elas custam a partir de US$ 230.000,00. Nossas vendas a hispânicos são provavelmente 40% do total.

WELLS FARGO BANKS E OS HISPÂNICOS

Seu presidente regional em Los Angeles diz que o Wells, atualmente, está abrindo 22.000 contas novas por mês, adaptando seus programas para atender as necessidades dos clientes latinos.

Como o quarto maior banco do país, o Wells Fargo & Co., com sede em São Francisco, concentra seu crescimento sobretudo no oeste e no sudoeste dos Estados Unidos. Um de seus mercados de crescimento mais acentuado é a população de americanos de origem mexicana ou dos próprios imigrantes mexicanos ao longo da fronteira e na Califórnia e outros Estados fronteiriços. Para penetrar nesse grupo, Wells Fargo está, cada vez mais, adaptando seus produtos e suas campanhas de marketing para acomodar as necessidades e tradições culturais dessa população.

Louise Lee, correspondente da *BusinessWeek*, falou recentemente com Sherlley Freeman do Wells Fargo, que é presidente regional responsável pela supervisão das operações do banco na área metropolitana de Los Angeles, a qual inclui os condados de Los Angeles, Ventura e Santa Bárbara, além de algumas partes do condado de San Bernardino. Trechos dessa conversa vão reproduzidos a seguir.

P: Qual foi a primeira medida do banco para atingir o mercado hispânico?

R: Um dos meios cruciais para o crescimento do Wells no mercado hispânico é o fato de aceitarmos o "cartão de matrícula" – um formulário de identificação emitido para os cidadãos mexicanos pelos consulados – como um documento válido para a abertura de uma conta corrente. Nós começamos a aceitar o cartão de matrícula em novembro de 2001. Desde então, abrimos 250.000 contas novas para pessoas que utilizaram seu cartão como documento de identidade.

E a taxa de abertura dessas contas está crescendo. Nos meses seguintes a novembro de 2001, nós estávamos abrindo contas para essas pessoas à razão de 3.400 por mês. Porém, durante os três últimos meses, a taxa saltou para 22.000 por mês.

R: Como o Wells adapta suas agências à cultura hispânica?

R: Os materiais de marketing estão em inglês e em espanhol. Os empregados das agências localizadas em comunidades predominantemente latinas são bilíngües e têm familiaridade com ambas as culturas. Nós contratamos pessoas dessas próprias localidades. As agências, que atendem bairros hispânicos, têm decoração ao gosto latino e têm como som ambiente as transmissões de rádios de língua espanhola. Considerando que muitos clientes vêm acompanhados de seus filhos, as agências têm longos bancos, nos quais as crianças esperam pelos pais, enquanto se divertem com livros para colorir.

P: Como o banco faz para que seus serviços sejam conhecidos?

R: Apesar de fazermos publicidade em emissoras de TV e de rádio em língua espanhola, anúncios nem sempre são a melhor forma de divulgação, em razão da rede de comunicação informal dessa população. Muitos hispânicos não-assimilados hesitam em vir a nossas agências. Então, há mais de um ano, começamos a promover seminários domésticos nas comunidades de alta densidade hispânica de Pacoima, Califórnia. Isto funciona, porque muitos hispânicos sentem-se mais à vontade na casa de um amigo.

P: O que acontece durante um desses seminários domésticos?

R: Normalmente, o anfitrião convida aproximadamente 15 amigos, vizinhos ou parentes para que participem do evento em sua casa, de ordinário por volta da hora do jantar. Os convidados trazem alguns pratos de comida. Um funcionário da agência fala sobre temas como poupança para custear a faculdade das crianças, aquisição de um imóvel e um bom cadastro para obter crédito, assim como sobre assuntos básicos, a exemplo da maneira correta de preencher um cheque. Estamos planejando seminários similares para o Sul de Los Angeles em 2004.

> **GRANDE JOGADA**
> Atingir os membros da comunidade ainda não-assimilados por meio de seminários domésticos.

P: Como o Wells adapta seus produtos para atender o mercado hispânico?

R: Percebemos que, dentre muitos hispânicos, outras pessoas, que não os pais ou cônjuges, contribuem para o total da renda familiar. Assim, nós consideramos os rendimentos de outros membros da família, quando calculamos a renda familiar. Nós até olhamos a renda de uma outra família. E também consideramos o rendimento informal, pois muitos desses indivíduos são pagos em dinheiro.

P: Que outros produtos estão projetados para este mercado?

R: Nós estamos lançando um teste piloto em Los Angeles, chamado Opportunity Checking Account, dirigido a pessoas que não estão habilitadas para ter uma conta corrente normal. E em 2002, introduzimos Intercuenta Express. Este serviço permite que os titulares de conta enviem dinheiro para as contas de seus parentes no México. Custa US$ 10,00 para enviar US$ 1.000,00.

P: Os esforços para atingir hispânicos em situação irregular também beneficiam o relacionamento do Wells com hispânicos assimilados?

R: Sim. A população assimilada aprecia nossa abordagem baseada nas duas culturas. Não se trata apenas de ter nosso material de marketing em espanhol. É estar presente na comunidade. A população assimilada importa-se com a população não-assimilada. Ambos os segmentos prezam nossa abordagem. Além do mais, muitos hispânicos já integrados preferem obter em espanhol as informações sobre nossos produtos.

> **GRANDE JOGADA**
> Introduzir serviços voltadas às pessoas que não se qualificam para uma conta corrente normal e para titulares de conta que transferem recursos para contas no exterior.

P: Como o Wells aprendeu sobre essa comunidade?

R: Você aprende, falando com as pessoas. Você aprende mais nas ruas de Pacoima do que em um seminário no Ritz Carlton. No ano passado, alguns executivos de alto escalão, incluindo o CEO Richard Kovacevitch, viajaram a Los Angeles para reunir-se com o editor do *La Opinion*, o maior jornal em espanhol de Los Angeles. Eles estiveram com especialistas em políticas públicas relacionadas à comunidade hispânica, especialistas em demografia, em serviços de saúde e serviços sociais. [Esses especialistas] fizeram conosco um processo de imersão nessa comunidade.

MANHÃ DE SEGUNDA-FEIRA

O PROBLEMA
Descobrir maneiras de chegar até a "minoria" que se tornou o grupo demográfico de maior crescimento nos Estados Unidos.

Vender e desenvolver campanhas de marketing para um grupo de imigrantes que é fiel à sua língua materna e às suas tradições.

A SOLUÇÃO
Familiarizar-se com a cultura dos consumidores e desenvolver produtos e serviços, que satisfaçam suas necessidades e hábitos específicos.

Criar um ambiente de varejo amigável aos latinos, com medidas como a de tocar músicas em espanhol nas lojas e aceitar o "cartão de matrícula", documento de identificação emitido para os cidadãos mexicanos.

Assegurar-se de que os materiais informativos e publicitários estejam na língua materna do grupo de imigrantes, além de contratar pessoal bilíngüe para ajudar na aproximação.

SUSTENTANDO O SUCESSO
Despejar recursos no recrutamento e retenção de contratados latinos, na medida em que eles representam um grande e crescente segmento da força de trabalho.

HUAWEI: MAIS QUE UM HERÓI LOCAL

JOGADOR

Este fabricante de equipamentos de telecomunicação almeja ser um jogador em inovação globalizada. Após anos de esforço árduo, a empresa Huawei está se tornando mais e mais internacionalizada. Atualmente, seus produtos e soluções são distribuídos em mais de cem países e servem mais de 1 bilhão de usuários em todo o mundo.

Esta reportagem, de outubro de 2004, foi reportagem de Bruce Einhorn com Manjeet Kripalani e Jach Ewing.

PLANO DE AULA

Construir uma presença global, criando uma estratégia avançada e ambiciosa, com foco no desenvolvimento de tecnologias emergentes.

Contratar trabalhadores altamente capacitados, montar laboratórios de pesquisa e desenvolvimento em seus países natais.

Cruzar fronteiras e estabelecer parcerias com empresas de primeira linha.

TENDÊNCIAS DO SETOR

Xu Danhua, engenheiro de 37 anos que trabalha na principal empresa de tecnologia da China, está sempre muito ocupado. Como chefe do departamento de "pré-pesquisa" da Huawei Technologies Co., Xu tem as mãos ocupadas com o desenvolvimento de produtos para a "casa digital" – todos os *gizmos* e tecnologias que em breve conectarão PCs, TVs, equipamentos de som e outros aparelhos entre si e à internet nas salas de estar, cozinhas e quartos. "Gosto de enfrentar desafios da nova tecnologia", diz Xu, um veterano de seis anos de empresa. "Huawei assume as tendências do setor muito rapidamente."

Este é justamente o tipo de aprovação que os executivos da Huawei – e os líderes chineses – apreciam ouvir, enquanto procuram saltar para as grandes ligas da inovação global. Como outros equipamentos eletrônicos chineses, a Huawei, que é uma empresa privada, fez seu nome como fabricante de equipamentos que haviam sido desenvolvidos em outros lugares mas com custos baixos. Com o grosso de suas vendas na China, Huawei, a fabricante de PCs Lenovo, a fabricante de equipamentos Haier, a fabricante de TVs TCL e outras prosperaram com a venda de produtos de tecnologia relativamente simples, enquanto capitalizavam-se por meio de estreitos vínculos com representantes governamentais, que lhes asseguram privilégios no cenário doméstico em relação aos concorrentes estrangeiros.

Todavia, com a competição se acirrando em casa agora que a China tornou-se membro da Organização Mundial do Comércio, muitas empresas chinesas estão procurando ser mais que apenas heróis locais. Huawei, por exemplo, está ávida a propagar sua imagem de "eu também" e recentemente fez um acordo em um processo de ação judicial proposto pela Cisco Systems Inc. em 2003, alegando infração a direitos de propriedade industrial relacionados ao registro de patentes e de direito autoral. No momento, a Huawei pretende ir muito além das raízes chinesas, vendendo equipamentos sofisticados a consumidores de todo o mundo e absorvendo talentos na Europa, Índia e Estados Unidos. "Huawei é uma empresa global com mercados globalizados em mente", afirma Li Xiatao, o chefe de pesquisa e desenvolvimento da empresa, com 36 anos de idade.

Li e seus colegas estão tentando criar algo que o mundo ainda não tenha visto: uma multinacional de um país em desenvolvimento que tenha grande penetração, seja pesquisadora intensiva e capaz

> **GRANDE JOGADA**
>
> Aumentar os investimentos em pesquisa e desenvolvimento e canalizá-los para o desenvolvimento das redes de telecomunicação de próxima geração e de equipamentos para a internet.

de equiparar-se às melhores do setor. Os líderes da Huawei querem tudo isto. Em vez de prender-se a um segmento do vasto universo da telecomunicação, os engenheiros da empresa estão projetando seus próprios semicondutores, desenvolvendo os equipamentos de rede da próxima geração para as operadoras de telecomunicação e criando novos telefones celulares da terceira geração (3G) para os consumidores.

A orientação de inovação global da Huawei ajusta-se perfeitamente às metas governamentais. Pequim é incisiva no que diz respeito a fazer da China um país líder em tecnologia, tanto para reduzir a dependência de suas empresas em relação a componentes essenciais de origem estrangeira, como para estreitar o *gap* com Taiwan, Japão, Europa e Estados Unidos. Os líderes da China imaginam que os heróis locais podem tirar proveito do grande mercado doméstico e dos engenheiros talentosos do país para ajudá-los a estabelecer padrões para tecnologias emergentes, como 3G, a casa digital e a internet de próxima geração. "[Os chineses] querem tornar-se influentes", diz Charles Yen, sócio gerente da Deloitte Touche Tohmatsu em Pequim.

PARCEIROS CLASSE A

Até aqui, a Huawei causou a maior sensação em nível global. É líder de mercado em equipamentos DSL, usados para conexões de alta velocidade com a internet, assim como redes de próxima geração, que permite às operadoras de telecomunicação enviar mensagens de voz, de dados e multimídia pela internet. A Huawei tem uma lista de parceiros classe A, incluindo Intel, Microsoft e QUALCOMM. As exportações dobraram no ano passado, chegando a US$ 1 bilhão, enquanto o faturamento total cresceu 41%, alcançando US$ 3,8 bilhões. Isso é ninharia para a Sony ou para a Microsoft, mas coloca a Huawei na lista de topo das companhias chinesas de tecnologia. A Huawei deve provavelmente gastar US$ 500 milhões em pesquisa e desenvolvimento neste ano. Mais uma vez, é pouco segundo os padrões internacionais, mas é mais de 10% do faturamento – um compromisso pesado para uma empresa chinesa e suficiente para pagar mais de 10.000 engenheiros. A Huawei "está se tornando uma potência, porque está investindo em suas próprias tecnologias", diz Albert Lin, analista da American Technology Research Inc. em São Francisco.

Todos esses engenheiros está sempre ocupados. Um bom tanto dos recursos de pesquisa e desenvolvimento da empresa está sendo usado para desenvolver um equipamento para uma versão mais avançada da Net, chamada

> **GRANDE JOGADA**
> Colaborar com organização no exterior e estabelecer parceriais com blue chips, como Microsoft e QUALCOMM, para se beneficiar de sua especialização e marcas.

protocolo internet versão 6 (IPv6). Pequim está apoiando de forma decidida o IPv6, uma iniciativa que pode ajudar a China a alcançar os Estados Unidos, que dominou o desenvolvimento da Net até agora. Um outro projeto é uma parceria com a Siemens, para identificar telefones e equipamentos para o padrão 3G desenvolvido na China, conhecido como TD-SCDMA, que Pequim espera que seja um grande sucesso de vendas na China e no exterior. E a Huawei é líder mundial em redes de nova geração, ao lado da Alcatel, Nortel e ZTE.

GRANDE JOGADA

Ir até onde estão os talentos, estabelecendo laboratórios de pesquisa na Índia, Grã-Bretanha e Suécia, onde residem os melhores engenheiros.

A China há muito tempo inveja os serviços de software da Índia, então a Huawei procurou absorver os talentos de engenharia que fizeram a Índia tão bem-sucedida. Há alguns anos, a empresa começou a recrutar engenheiros da Índia e, atualmente, cem deles trabalham em sua sede em Shenzhen, a cidade de crescimento estrondoso vizinha a Hong Kong. Ao mesmo tempo, a Huawei percebe que é mais eficiente contratar indianos na Índia do que trazê-los para a China. Assim, em 1999, ela inaugurou um centro de desenvolvimento em Bangalore, onde trabalham 700 pesquisadores atualmente. No final do próximo ano, ela espera expandir a operação de Bangalore para 2.500 engenheiros. A empresa também tem laboratórios menores nos Estados Unidos e na Europa.

O próximo passo é aumentar a projeção internacional da Huawei. A empresa está incentivando seus engenheiros a contribuir mais para organizações que estabelecem os padrões para as novas tecnologias, a exemplo da International Telecommunications Union. Este ano, a Huawei submeterá cerca de 200 propostas de padrões para esses grupos, saltando de apenas 17 em 2001. A empresa também pressiona os engenheiros para que requeiram o registro de mais patentes. No ano passado, os pedidos de registro de patentes da empresa em todo o mundo cresceram em um terço, chegando a 1.590. De modo geral, a Huawei recebeu centenas de patentes, mas apenas um punhado delas veio dos Estados Unidos. Para acelerar o ritmo de inovações, a empresa designa como "Huawei Innovators" aqueles empregados que descobrem idéias passíveis de ser patenteadas – e concede-lhes uma medalha e prêmios em dinheiro de até US$ 1.200,00.

FLORES?

Pode não parecer muito para um engenheiro em San José ou Estocolmo, mas em Shenzhen rende um bocado. Graças aos baixos custos da China, Li, o chefe de pesquisa e desenvolvimento, alardeia que Huawei obtém mais resultados de seu orçamento de R&D que os concorrentes estrangeiros. O salário inicial de um engenheiro da Huawei é de cerca de US$ 6.600,00 por ano, e aqueles que têm desempenho de ponta ganham até US$ 22.000,00, comparados com os US$ 180.000,00 que poderiam ganhar no Ocidente. "Na América do Norte e na Europa, onde eles têm um engenheiro, na China nós podemos contratar cinco, oito ou dez", ele diz. Muitos dos pesquisadores da Huawei vivem em um complexo de 3.000 apartamentos, vizinho às instalações da empresa em uma área de 320 acres, o que faz com que seja mais fácil para eles manter-se concentrados. E os engenheiros da Huawei formam um grupo talentoso, segundo Lawrence B. Prior III, que até setembro foi CEO da LightPointe Communications Inc., fabricante de equipamentos ópticos wireless de San Diego, na qual tanto a Huawei como a Cisco têm participação acionária. A Huawei está "repleta de super-realizadores tecnológicos", diz Prior.

Um desses engenheiros de alto desempenho é Teresa He. Ela é chefe de pesquisa e desenvolvimento para ASICs, semicondutores feitos sob medida para finalidades específicas em aparelhos como os *routers* e *switches* Huawei. Em meados da década de 1990, a Huawei mal podia pagar pelo básico para a realização do trabalho. Como não havia equipamentos suficientes para prosseguir, He tinha de fazer acordo de compartilhamento de tempo com seus colegas, para usar equipamentos de teste essenciais, que custavam a soma extravagante de US$ 60.000,00. "Você podia usar as máquinas por somente duas ou três horas e, então, você tinha de dar a vez para o próximo na fila", ele lembra. Não acontece mais isto.

Quando recentemente He precisou de um equipamento de US$ 3 milhões para testar *switches* Ethernet, ela não teve problemas para obter o dinheiro.

Nem todos estão convencidos de que a Huawei ou outras empresas chinesas tenham o necessário para saltar para as posições de proa dentre os inovadores globais. "São empresas muitos fortes e capazes", diz Hong Lu, CEO da UTStarcom em Alameda, Califórnia, uma das maiores concorrentes da Huawei na China. Porém, Lu diz "elas são seguidoras, mas não são inovadoras. No passado, elas tinham sempre feito coisas que outras já haviam feito." E, enquanto a Huawei e suas compatriotas fazem progresso em R&D, alguns dizem que as verdadeiras inovações virão de empresas estrangeiras, que inauguram suas próprias unidades de pesquisa no país. Em 10 de setembro, a Motorola anunciou que gastaria

GRANDE JOGADA

Incentivar trabalhadores a participar de organizações internacionais e apresentar um número maior de requerimentos de registro de patentes em nível mundial como iniciativas para impulsionar a reputação da Huawei.

cerca de US$ 90 milhões em um centro de pesquisa e desenvolvimento em Pequim. Alguns dias antes, Lucent Technologies revelou seus planos de investir US$ 70 milhões em um centro de R&D para sua unidade de celulares 3G na cidade de Nanjing. "Os chineses não criaram uma cultura de inovação", diz Dave McCurdy, presidente da Electronics Industry Alliance, um grupo de *lobby* em prol da indústria eletrônica dos Estados Unidos. "Empresas de capital estrangeiro na China serão os centros de inovação."

Li, chefe de pesquisa e desenvolvimento, contrapõe-se, afirmando que o investimento estrangeiro realmente ajuda a Huawei. A concorrência, ele diz, eleva o nível geral de talentos disponíveis. "A prática normal no passado era recrutar pessoas nas universidades e, então, treiná-las para ser bons engenheiros", diz Li. Agora, a Huawei pode fazer um ataque surpresa de busca de talentos em outras empresas, ele explica. Esse caminho, contudo, tem mão dupla. Em um cenário de concorrência maior, os salários vão subir. No entanto, a Huawei está apostando que esses recém-chegados, somados a sua equipe atual de engenheiros, impulsionarão a empresa rumo à elite da inovação global.

GRANDE JOGADA

Incentivar engenhosidade e pensamentos inovadores entre os empregados e oferecer-lhes incentivos concretos, como as medalhas "Huawei Innovators" e prêmios em dinheiro.

MANHÃ DE SEGUNDA-FEIRA

O PROBLEMA
Transformar um fabricante de imitador barato em líder global, que possa competir com os melhores.

A SOLUÇÃO
Criar um ambiente propício a inovações, recompensando os empregados que apresentem novas idéias promissoras e incentivando-os a participar de redes globais.

Despejar recursos em pesquisa e desenvolvimento. Em vez de fabricar produtos que utilizem tecnologia simples desenvolvida por terceiros, esforçar-se para criar equipamentos de ponta e para estabelecer padrões para as tecnologias emergentes.

SUSTENTANDO O SUCESSO
Vencer a guerra globalizada por talentos, investindo pesadamente em desenvolvimento profissional a longo prazo de trabalhadores, assim como em R&D.

COLÔMBIA: INVESTIMENTO EXTREMO

JOGADOR
A Colômbia percorreu uma jornada improvável, do crime a centro de investimento estratégico. Este *boom* tem chance de durar?
Investir em mercados emergentes extremos pode ser lucrativo, se você souber procurar a coisa certa.

Esta reportagem, de maio de 2007, foi executada por Roben Farzad com Cristina Linblad.

PLANO DE AULA

Explorar oportunidades de investimento em mercados emergentes "extremos" – países distantes que se encontram em fase de crescimento extremo e oferecem retornos inusitados.

Minimizar riscos, estudos detidamente o clima econômico e político, assim como os parâmetros financeiros convencionais.

O MILAGRE DO INVESTIMENTO

"Você está indo até lá para conseguir alguns quilos?", perguntou-me o motorista de táxi, ao deixar-me no aeroporto internacional de Newark para que eu tomasse meu vôo das seis horas para Bogotá. Ele deu-me um sorriso forçado pelo espelho retrovisor, como se zombasse do viajante só de ida mais original da história. "Como Scarface", ele continua, mudando para seu sotaque de gangster paquitanês/latino: "cumprimente meu amigo! Pow! Pow! Ele entregou-me minhas malas e lembrou-me de telefonar para minha mãe e de fazer as pazes com o Todo Poderoso antes de embarcar para morte certa. "Você é louco, meu amigo."

Ir à Colômbia para fazer uma reportagem sobre o milagre do investimento em curso por lá parecia perfeitamente razoável alguns semanas antes. Todos gritaram "vá! vá! vá!. Os valores negociados no mercado de ações da Colômbia haviam sido multiplicados por 14 desde outubro de 2001. Os investimentos estrangeiros diretos e a entrada de capitais haviam mais que dobrado, enquanto os preços no mercado imobiliário haviam triplicado em muitas áreas. O CEO do Citigroup, Chuck Prince, até mesmo havia iniciado sua "volta ao mundo" por Bogotá, onde o banco está construindo agências e um *call center* para a América Latina. Porém, quando a maioria dos americanos me ouvia falar na Colômbia, eles logo pensavam no ex-chefão do cartel de drogas de Medellín, Pablo Escobar, e em grupos paramilitares de guerrilha e em cargas de cocaína despachadas para Miami em *speedboats*.

> **GRANDE JOGADA**
> Ter acesso a mercados emergentes extremos que oferecem ganhos relativamente maiores – apesar de que com maiores riscos.

Banqueiros asseguraram-me que a situação estava muito melhor neste país de 42 milhões de habitantes. Porém, somente quando pisei no 737, que ia lotado para Bogotá, que eu tive minha primeira percepção direta do interesse intenso nos investimentos colombianos. Eu observei pelo menos 20 homens em ternos de negócio, incluindo um sueco com lap-top sentado ao meu lado, que está construindo um hotel-butique em Cartagena, bela cidade do século XVI, no litoral norte do país.

Investidores como esses visitaram muitos lugares exóticos em anos recentes. O crescimento surpreendente da Colômbia foi alimentado por duas grandes tendências: a quantidade enorme de dinheiro circulando aos borbotões pelos mercados globais e a crescente tolerância dos investidores ao risco. Primeiramente, o dinheiro foi despejado nos mercados conhecidos como BRIC – Brasil, Rússia, Índia e China. Em seguida, ele inundou mercados secundários de maior risco, tais como os da Turquia e da Polônia e, no ano passado, com ferocidade, o do Vietnã. Atualmente, o dinheiro está jorrando no sentido de mercados de terceira classe repletos de problemas econômicos e políticos, onde nem mesmo o estado de direito é um fato.

O ÍNDICE DE "CONFIANZA"

Chame-os de mercados emergentes extremos. O *Standard & Poor/IFCG Frontier Index* de 22 dessas destinações, nas quais curiosidades em termos de investimento como Líbano, Costa do Marfim e Bangladesh, aumentou aproximadamente 400% nos últimos cinco anos. A questão é saber se esses mercados nascentes têm o necessário para explorar com sucesso o entusiasmo dos volúveis corretores de fundos de *hedge* e de outros investidores em desenvolvimento econômico de longo prazo.

A Colômbia é um mercado particularmente extremo. Seu mercado de ações apresenta uma capitalização agregada de apenas US$ 59 bilhões. Neste universo paralelo de investimento, a razão entre preço e ganhos tem posição secundária diante de imprecisas medidas, como *confianza*, que pode ser descrito mais precisamente como uma espécie de sentimento geral de que as pessoas podem realizar transações negociais e levar sua vida quotidiana sem danos. O punhado de analistas de Wall Street que faz a cobertura da Colômbia abastece seus clientes com tabelas de índices de assassinatos e de seqüestros.

O presidente Álvaro Uribe, que assumiu em 2002, quando já decorridas quase cinco décadas de uma guerra civil em que se confrontavam grupos marxistas de guerrilha contra esquadrões da morte de extrema direita, fez da *confianza* sua meta primordial. Assassinatos e seqüestros estão em baixa acentuada nas grandes cidades, e isto provocou a explosão de todos os tipos de investimentos, de ações a imóveis. "Eu garanto que, se você colocar em um gráfico o aumento de investimentos em função do declínio de seqüestros, a correlação seria de um para um", diz Ben M. Laidler, chefe de pesquisa andina do UBS Pactual.

> **GRANDE JOGADA**
> Aceitar a medida local de *confianza* para ir adiante com as estratégias de investimento.

Em um continente, cuja história econômica é produto de um movimento incerto e cambaleante, muitas vezes cheio de erros, os fortes fundamentos da economia da Colômbia destacam-se.

Sua economia de 130 bilhões, uma das líderes mundiais de produção de café, petróleo, têxteis e flores, está crescendo a 6,8% ao ano, dois pontos percentuais inteiros à frente da média da América Latina. Nos últimos 10 anos, a Colômbia reduziu sua taxa de inflação de 18 a 5% e, desde que Uribe foi eleito, o desemprego caiu de 16 para 13%. O país nunca deixou de pagar suas dívidas nem experimentou qualquer processo de hiper-inflação. O espírito empreendedor espraia-se. Faça uma pesquisa de base geográfica no Google, e verifique que em nenhum outro lugar do mundo há mais procuras *per capita* das palavras "Peter Drucker", o falecido guru da administração, que em Bogotá. O segundo lugar? Medellín.

> **GRANDE JOGADA**
>
> Rastrear os índices de assassinatos e seqüestros nesses mercados emergentes como barômetros de saúde financeira.

Sim, Medellín. Essa cidade de 2,4 milhões de habitantes, que já foi a capital mundial do assassinato, está reconquistando seu status de centro comercial, acolhendo escritórios regionais de um crescente rol de multinacionais, incluindo Philip Morris, Toyota e Renault, assim como de empresas colombianas com vocação para a globalização, que representam 70% do valor do mercado de ações do país. Há mais arranha-céus em construção ali que em Manhattan ou Los Angeles juntas.

Tudo isto, porém – o crescimento do mercado de ações, o desenvolvimento, a elevação do padrão de vida – assenta-se na *confianza*. A visão que os estrangeiros têm da Colômbia como um território sem lei, violento e dividido não mudará rapidamente. Como o ministro do comércio Luis Guillermo Plata reconhece, "por que alguém investiria em um país ao qual não pudesse ir?"

Enquanto entrava no táxi que estava para me conduzir ao hotel, não pude deixar de pensar sobre a lendária "excursão do milionário por Bogotá", na qual motoristas de táxi em conluio com assaltantes costumavam levar os passageiros de um ATM a outro, para que as vítimas fizessem saques de suas contas correntes. Há, ainda, as drogas. A Colômbia continua a produzir a maior parte da cocaína do mundo, uma crise em andamento que provoca a suspensão da ajuda financeira e militar dos Estados Unidos. Mesmo os crimes empresariais ali assumem conotações mortais:

Chiquita Brands International, a gigante da banana com sede em Cincinnati, recentemente foi notícia por ter admitido que havia pagado US$ 7,1 milhões a título de retribuição por proteção a um grupo paramilitar colombiano, que estava na lista de Washington de organizações terroristas estrangeiras.

Estou aqui para descobrir se o novato mercado de ações da Colômbia pode continuar a avolumar-se, se suas estruturas financeira e física podem acomodar a avalanche de investimentos e se uma cultura de valores mobiliários pode se sustentar.

No centro de tudo está o presidente Uribe: "Nós precisamos resgatar a confiança internacional em nosso país", ele me diz em seu gabinete presiden-

COLÔMBIA

cial extremamente protegido no centro histórico de Bogotá, repleto de exemplares de arquitetura colonial espanhola. O acesso a Uribe é precedido de uma hora de procedimentos de segurança e frios olhares de guardas com metralhadoras encimadas por baionetas.

> **GRANDE JOGADA**
> Fazer contato direto com jogadores da Colômbia como meio de obter acesso a seu mercado de investimentos.

Uribe, de 54 anos de idade, é uma raridade na América Latina, crescentemente de esquerda. Um governante de centro-direita, que goza de um índice de aprovação de mais de 60%. Ele obteve uma vitória política esmagadora para um segundo mandato em 2006, após ter conseguido a aprovação de uma emenda constitucional, autorizando-o a concorrer novamente. Uribe conhece de primeira mão a história da violência na Colômbia: uma década atrás, ele era governador da província de Medellín e, em 1983, seu pai foi assassinado por seqüestradores. Esse líder, por vezes melancólico, expulsou dos centros urbanos a maior parte dos traficantes de drogas e guerrilheiros de esquerda, apesar de eles ainda reinarem em regiões remotas.

Surgiram, contudo, rumores na Colômbia de que o presidente tem ligações com paramilitares de direita, que assassinaram centenas de pessoas, inclusive sindicalistas. Em 14 de maio, vinte legisladores e empresários colombianos foram presos sob a acusação de envolvimento com o escândalo. O chefe da polícia da Colômbia e seu chefe de inteligência, nesse ínterim, foram exonerados em meio a acusações de escutas telefônicas ilegais, feitas por políticos de oposição e jornalistas. Uribe nega veementemente qualquer conexão pessoal com o escândalo. (Veja: "Álvaro Uribe: O agente de mudança", mais adiante neste capítulo).

Apesar de sua fixação por lei e ordem, a economia nunca esteve longe das preocupações de Uribe. "O Estado é o empreendimento privado mais importante", ele diz, "e o povo é como um universo de acionistas." Javier Vargas, um banqueiro colombiano com o Credit Suisse, ouviu Uribe enunciar essa teoria muitas vezes. "Ele fala como uma pessoa que está vendendo seu país e fazendo campanha de marketing da Colômbia", ele diz. "A confiança do investidor é essencial para ele.". Em maio, Uribe visitou Washington para reunir-se com apoiadores na administração Bush e para convencer membros do Partido Democrata no Congresso em relação a

> **GRANDE JOGADA**
> Fazer *lobby* em prol de executivos multinacionais que fazem negócios na Colômbia.

um acordo de livre comércio entre os dois países. Os democratas têm estado pouco à vontade com Uribe, desde o aparecimento dos recentes comentários sobre seu envolvimento com paramilitares de direita. Porém, a Colômbia é um aliado estratégico vital em um continente crescentemente hostil, que faz fronteira com a Venezuela de Hugo Chavez e o Equador de pendor esquerdista. Washington enviou à Colômbia US$ 5 bilhões em ajuda desde 2000, incluindo US$ 650 milhões no ano passado. Somente o Iraque, o Egito, o Afeganistão e Israel receberam mais.

Para Uribe, um acordo é crucial tanto para benefícios econômicos tangíveis como em termos de imagem. Ele já investiu muito capital político, tendo visitado os Estados Unidos por pelo menos 25 vezes desde que assumiu a presidência. Conquistar benefícios integrais de livre comércio com os Estados Unidos representaria muito para fortalecer a frágil confiança do investidor que ele vem alimentando, enquanto que a perda dessa oportunidade abalaria seu prestígio. O desafio de Uribe é reconhecido por todos, de líderes empresariais a motoristas de táxi. "Investir aqui está na dependência de melhorar a segurança física e diminuir o risco de fazer negócios", diz Alexander P. Kazan, um estrategista latino-americano do Bear Stearns & Co. "Você realmente não pode exagerar a importância."

BOLSA DE VALORES MODORRENTA

Em uma fria manhã de abril, dirijo-me ao animado distrito financeiro de Bogotá. Em meio ao barulho de motores de motocicletas e à fumaça saída dos canos de escapamento dos ônibus, o distrito está transbordando de jovens profissionais que bebem *tintos* – cafezinhos – enquanto usam seus celulares de última geração. Em todo cruzamento e nos canteiros centrais das ruas, os menos afortunados vendem lanches, cigarros e cartões telefônicos com carrinhos de bebê recuperados, claro lembrete das disparidades neste país pobre.

A meia altura de um prédio de escritórios envidraçado, encontra-se o andar ultra-moderno da Bolsa de Valores da Colômbia. É *high-tech*, mas ninguém o confundiria com a Nasdaq. Apenas 12 pessoas sentam-se ao redor de uma mesa circular, olhando para seus monitores planos em um espaço do tamanho de uma sala de conferência de um hotel da rede Best Western. É tão silencioso que você poderia pensar você está lá para submeter-se ao exame GMAT. Eu, de brincadeira, pergunto se estamos no lugar certo. Nosso fotógrafo pensa em voz alta se deve desembalar seu equipamento.

"É isto", explica Jaime Sarmiento, de 34 anos, diretor de comunicação da bolsa de valores, percebendo o anti-clímax do momento. Ele aponta para o registrador automático de cotações, um mostrador circular de LCD. "Alguém sabe ligar isto?". Os especialistas presentes posam para uma foto, escolhendo o mais velho de bigode para sentar-se em uma cadeira elevada no centro do círculo, movendo-se como se ele estive conduzindo o pregão. Verdade seja dita, todos estão esperando pelas 13h00, quando o mercado encerra as operações e a cena do almoço tem lugar. Quando pergunto se o fechamento prematuro é um vestígio da *siesta* espanhola, sou laconicamente informado de que é o mero resultado do pouca quantidade de negócios a realizar. Sarmiento leva-nos para baixo para percorrer a cafeteria, uma pretensiosa área de estar, concebida como um lugar de reunião energético e cheio de burburinho para os viciados em ações. Nesse dia, dois ou três caras, sentados por lá, liam jornal alheios ao punhado de dígitos luminosos que apareciam no display colocado à parede.

Essa modorra não corresponde à volatilidade de tirar o fôlego do mercado. Esse é o paradoxo central dos mercados emergentes extremos: com tão poucos compradores e vendedores, pequenas altas podem rapidamente transformar-se em grandes crescimentos, ao mesmo tempo em que a menor queda pode levar a crises dolorosas.

> **GRANDE JOGADA**
> Procurar oportunidade de investimento na Colômbia em lugar de fazê-lo em mercados estrangeiros.

Depois de ter apresentado um crescimento de 128% em 2005, o segundo melhor no mundo, a Bolsa da Colômbia caiu 45% em dois meses durante o colapso dos mercados emergentes no final da primavera do ano passado, o segundo pior desempenho no mundo. Desde então, saltou 75%. Somente no dia 15 de junho de 2006, o índice cresceu 16%. Desceu 5% em 2007.

Toda essa instabilidade simplesmente confirma a suspeita de muitos locais, que fogem das ações para ficar com os títulos públicos, mesmo que tenham rendimento de apenas 6% no momento, um terço do que tinham há oito anos. "O público em geral não está familiarizado com ações", diz Rodrigo Jaramillo, CEO da Interbolsa, a maior corretora do país, e ex-presidente da bolsa de valores. Ele observa que menos que 70.000 colombianos compraram ações locais em 2006.

Mesmo as pessoas que investem para viver estão relutantes em comprar ações colombianas com seu próprio dinheiro. "Eu gosto de investir em gado novo", admite o consultor de investimento privado de 26 anos de idade, de colarinho inglês e gravata Hermès, entre bocados de empanada em um local que serve café-da-manhã perto da bolsa. Seus olhos brilham, enquanto ele explica que seu tio deu-lhe prioridade para investir em novilhas, uma oportunidade que ultimamente lhe trouxe retornos anuais de 20% a 30%. Por que arriscar-se com ações, ele pergunta, quando ele pode obter retornos estáveis na fazenda da família? "Eu respondo pelas vacas – como vocês dizem? – até a colação de grau", ele diz, sorrindo diabolicamente, do dia em que elas são leiloadas e ele colhe os frutos caídos do céu.

Mas, aos trancos, os investidores locais estão se aproximando. Estou espantado com quantos jovens entre vinte e poucos e trinta e poucos anos em Bogotá estão na vanguarda dos negócios e da vida civil: altos executivos, administradores financeiros, donos de restaurante e mesmo ministros. Jovens e educados, os membros da nova elite da Colômbia podem exercer seu negócio em qualquer lugar do hemisfério. Há uma década, não haveria qualquer dúvida de que eles acabariam no exterior. Apenas quatro anos atrás, o Club El Nogal de Bogotá, uma agitada casa noturna, foi atacada com um carro-bomba por um grupo rebelde de esquerda, resultando em 36 mortes. El Nogal, porém, voltou mais forte que nunca. Apesar de todos os cães farejadores de bomba, é quase impossível de entrar nesse lugar nos fins de semana. Os habitantes de Bogotá consideram-no a metáfora de sua resiliência.

Eu encontro alguns jovens profissionais para jantar no Balzac, um restaurante aos moldes do Balthazar, restaurante da moda em Manhattan. José Maria de Valenzuela, que concluiu recentemente seu MBA na INSEAD na França, acende um cigarro e reflete sobre suas conquistas. "Havia apenas uma pequena possibilidade de que eu terminasse de volta aqui", ele diz. Valenzuela, que se formou pela Brown University há uma década, especializou-se naquilo que se chamaria de investimento angustiado. "As pessoas tinham medo de deixar a cidade", ele relembra da mentalidade de cerco de sete ou oito anos atrás, quando famílias aterrorizadas procuravam um escapismo em seu mini-campo de golfe em Bogotá. "Você podia comprar imóveis apenas pelo equivalente ao custo dos impostos." Foi o que Valenzuela fez, antes de vendê-los durante um *boom* imobiliário, aplicando seus ganhos naquilo que ele e um antigo professor de finanças corretamente pensavam que seria o começo de um extraordinário mercado de especulação com ações. No verão passado, Valenzuela carreou esses lucros para uma sociedade com HenCorp Futures, uma *trading* com sede nos Estados Unidos, para oferecer estratégias relacionadas a meio circulante a investidores estrangeiros — um elemento de construção essencial para a participação de fora no mercado colombiano. O único modo direto de comprar ações listadas na Bolsa é em *pesos* e não há fundos mútuos colombianos disponíveis para estrangeiros.

> **GRANDE JOGADA**
> Manter o foco em um negócio principal para inverter a maré e dar ensejo a muitos outros negócios lucrativos.

Na tarde seguinte, por recomendação de Valenzuela, dirigi-me ao Harry's Bar, em uma região da moda em Bogotá, que parece com Russian Hill de San Francisco. Em meio ao alarido de taças de vinho, mulheres com reflexos loiros e homens bem vestidos beliscam pratos de atum grelhado e filé argentino. À noite, o lugar costumar transbordar com atores, astros do futebol e diplomatas. O proprietário, percebendo minha caderneta de repórter, parou a meu lado. "Por favor, conte aos americanos que nós não somos um bando de traficantes de drogas, trocando tiros em árvores", ele diz.

O ALVOROÇO DO CAFÉ

Entra meu convidado para almoço, Felipe Gaviria, o jovem administrador de ativos, cujo nome está na boca de todos no *smart-money set*. Em 1997, com 23 anos, Gaviria foi promovido a chefe de câmbio de uma banco pequeno em Cali. Dois anos mais tarde, ele trocou o emprego por uma escola de administração em Barcelona. Retornou à Colômbia, quando Uribe foi eleito em 2002, sentindo que era o momento certo para comprar propriedades na Colômbia e apostar que o *peso* iria fortalecer-se diante do dólar. Atualmente, ele supervisiona fundos de pensão de US$ 3 bilhões para o Grupo Santander da Espanha. É notório que Gaviria está sendo cortejado por bancos de investimento e fundos de *hedge*. "Eu recebo todo mundo", ele diz timidamente.

Com mais dinheiro jorrando para dentro do mercado, enquanto a economia cresce, Gaviria diz que está impaciente por mais opções de investimentos locais. Felizmente para ele, algumas grandes alternativas estão chegando. Em uma iniciativa audaciosa, a Procafecol, da famosa, e em rápido crescimento, loja de café de Juan Valdez, está lançando suas ações na Bolsa. Os beneficiários improváveis: milhares de cafeicultores, que compõem a aliança nacional do café da Colômbia. Eles recentemente foram atacados por um exército de consultores financeiros enviados ao meio rural. "Suas ações preferenciais dão-lhe prioridade no recebimento de dividendos em relação aos investidores ordinários", explica a sofisticada carta de oferta, como se para zombar dos acionistas de classe B mais cosmopolitas.

O fator de alteração do jogo pode ser a oferta pública inicial de US$ 4 bilhões da empresa petrolífera estatal Ecopetrol, uma das quatro maiores da América do Sul. Muito rapidamente, ela pode transformar-se na ação mais pulverizada na bolsa. E com os banqueiros dos Estados Unidos rondando, a listagem na Bolsa de Valores de Nova York pode ser iminente. A única outra ação colombiana listada nos Estados Unidos é do Bancolombia, com sede em Medellín, cujas ações deram um salto de vinte vezes nos últimos cinco anos.

Na verdade, Wall Street está fazendo o melhor para pegar a onda da Colômbia. Em 2005, SABMiller PLC assumiu o controle da Bavaria, a maior cervejaria da Colômbia, por um preço recorde de US$ 7,8 bilhões, com o assessoramento de Merrill Lynch, JPMorgan Chase, Lehman Brothers, Morgan Stanley e Citigroup. No ano passado, ABM Amro assessorou a venda do controle, envolvendo US$ 657 milhões, de uma refinaria de óleo estratégica para a Glencore International da Suíça. "Há mais e mais bancos de investimento vindo para a Colômbia", diz Eric Newman, um nativo de Bogotá que foi recentemente retirado do Lehman Brothers pelo Morgan Stanley para fazer a cobertura do país para seu braço de banco privado latino-americano com sede em Miami. Ele viaja à Colômbia vinte vezes por ano.

Além de as empresas colombianas de primeira linha estarem com um desempenho melhor dentro do país, elas também estão abrindo filiais no resto da América Latina e em outros lugares. Uma empresa denominada Chocolates, essencialmente a Kraft Foods da Colômbia, atualmente despacha para Los Angeles e para o sudoeste dos Estados Unidos, enquanto a Argos, a principal produtora de cimento do país, tem comprado operações em Arkansas, Georgia, Carolina do Norte e Texas. O Bancolombia adquiriu recentemente o maior banco de El Salvador.

Um sinal de que a sorte da Colômbia está melhorando é o súbito infortúnio do auto-proclamado Alfaiate à Prova de Bala. Miguel Caballero faz ternos e outros trajes suficientemente resistentes para resistir a tiros de revólver. Sua confecção, localizada em um bairro decadente de Bogotá, exibe uma galeria de fotos de clientes famosos, incluindo o astro de filmes de ação Steven Seagal e o presidente Uribe, assim como fotografias de Caballero descarregando sua pistola no peito de empregados com coletes à prova de bala. Há dez anos, ele diz, sua empresa vendia 70% de seus produtos na Colômbia. Agora, graças à redução do nível de violência, esse número é de apenas 20%. Caballero está enviando vendedores à Rússia, à Venezuela e mesmo ao Iraque. "A idéia é salvar o negócio", ele explica. "Você pode dizer que estamos nos globalizando".

A crescente confiança na Colômbia traz um conjunto novo de desafios. As ruas são mais seguras e os cidadãos viajam novamente. A atividade de exportação-importação está crescendo de maneira constante. O turismo praticamente triplicou em cinco anos, e a litorânea e histórica Cartagena está entre os mercados imobiliários mais caros da América do Sul. Entretanto, com tudo isto acontecendo, as auto-estradas, as rodovias, os portos e outros elementos de infra-estrutura industrial estão se tornando mais e mais sobrecarregados. "Nós realmente estamos atrasados em infra-estrutura", diz Juliana Ocampo, que recentemente concluiu seu MBA no Massachussetts Institute of Technology e que retornou a Bogotá para trabalhar para Cemex, a gigante mexicana do cimento. "Se você perguntar a qualquer pessoa aqui, a resposta será a de que os próximos investimentos devem ser feitos em infra-estrutura." Gaviria, o jovem administrador financeiro, diz: "Nosso porto ao Norte é terrível. Se nós tivéssemos um projeto de um porto de classe mundial, eu investiria nele." Bear Steams alertou em um recente relatório que o crescimento poderia deter-se, caso não se façam com brevidade investimentos de dezenas de bilhões em infra-estrutura, observando que os fundos de pensão colombianos estão clamando por oportunidades de investimento. Se o *build-up* for paralisado, as reformas de Uribe serão solapadas.

STOCK OPTION

Eu submeti o assunto à consideração do vice-presidente Francisco Santos. Com formação acadêmica no Texas e no Kansas e ex-editor do maior jornal diário da Colômbia, Santos chegou a ser seqüestrado pelos homens de Pablo Escobar e certamente sente satisfação diante do fato de que os veículos do cartel, todos do final da década de 1980, estão enferrujando em um depósito público vizinho ao seu gabinete. "As estradas estão ficando congestionadas", ele reconhece. "Mas quem vai pagar por toda a infra-estrutura?"

> **GRANDE JOGADA**
> Apostar em investimentos locais em uma economia em crescimento.

Financistas argumentam que o dinheiro está à disposição, bastando que o governo mude seu pensamento. Historicamente, Bogotá emitiu títulos da dívida pública para financiar tais projetos, mas os investidores estavam ávidos por eles quando rendiam 20%. Também leva tempo para movimentar todos os níveis da burocracia que se encontram pelo caminho. Os banqueiros querem que o governo venda participação nos projetos, seguindo a tendência de privatização que está varrendo a Europa e os Estados Unidos. "Nós podemos construir estradas sem um centavo de dinheiro público", insiste Pedro Nel Ospina, o dirigente da Corficolombiana, um dos principais bancos comerciais e de investimento do país. "Deixem-nos fazer isto logo. Dêem-nos participação."

O governo não está pronto para dar esse salto imediatamente. Mas o fato é que um debate vigoroso sobre qual a melhor forma de tornar-se uma sociedade de proprietários está esquentando – completa com editorias de negócio e zonas regionais de livre comércio – e demonstra quão longe esse pedaço acidentado dos Andes já foi.

Medellín, em particular, está passando por uma das mais extraordinárias reformas urbanas dos tempos modernos. "Nossos caminhões, motoristas e distribuidores eram atacados pelo menos uma vez ao dia", cena de sete anos atrás relembra Carlos Enrique Peidrahita, presidente da Chocolates. "Agora isto simplesmente não acontece."

A viagem de 45 minutos do principal aeroporto de Medellín até a cidade passa por florestas exuberantes e fazendas de produção de flores. A cidade tem o formato de uma tigela, com o comércio e a riqueza concentrados no centro, enquanto a pobreza olha para baixo desde as bordas. Tudo ficou reduzido ao caos com o declínio da indústria têxtil de Medellín na década de 1970 e o simultâneo crescimento do tráfico de drogas. Em 1991, dois anos antes de ele encontrar seu fim em um tiroteio com a polícia, Escobar recrutava adolescentes viciados em cocaína na favela das encostas de Medellín, pagando US$ 750,00 para cada policial que assassinassem. A troca de tiros entre gangues continuava no interior dos prontos-socorros. "Pode-se ter a impressão de que Medellín está prestes a afogar-se no próprio sangue", Alma Guillhermoprieto, da revista *The New Yorker* escreveu em 1991, quando a taxa de homicídios da cidade era de 381 por 100 mil, a maior do mundo.

Mas a explosão de receitas oriundas dos impostos pagos pelo ressurgente empresariado de Medellín está financiando uma rápida metamorfose. Atualmente, aquela mesma favela está conectada ao centro da cidade por teleféricos do tipo dos encontrados no EPCOT Center. Novas bibliotecas e escolas buscam alunos de outras partes da Colômbia. O "Parque da Imaginação" está onde os corpos das vítimas de assassinatos eram enterrados. O escritório de apoio aos negócios no coração da favela está ajudando pequenas lojas de alimentos e cyber-cafés a florescer, onde costumava haver apenas blocos de edifícios decadentes e redes de esgoto a céu aberto. Atualmente, a taxa de assassinatos de Medellín é 28 por 100 mil, mais baixa que a de Baltimore ou de Washington, D.C.

As estatísticas sozinhas não capturam o sentimento de renascer do local. No alto da favela, à sombra das gôndolas do teleférico em ascensão e de um novo laboratório de informática, as crianças mais pobres da cidade pensam que são os reis e as rainhas da montanha. Elas correm atrás de mim, puxam meu paletó, trinta ou quarenta de uma vez. Não é meu dinheiro que elas querem, são fotografias delas próprias e de seus amigos. Quando sento para recobrar o fôlego, um garoto baixinho de sete anos de idade, com um entendimento precoce de fotografia digital, surgiu de sob o banco. "Eu ainda não tenho e-mail", ele diz. "Imprima a foto para mim para quando você voltar, está bem?"

CORREÇÕES E ESCLARECIMENTOS

"Colômbia: Investimento Extremo" (reportagem de capa, 28 de maio) sugeriu que a Colômbia não se qualificava para o Standard & Poor's/IFCG Frontier Index de 22 países. De fato, o valor e a liquidez do mercado da Colômbia colocam-na num índice mais desenvolvido da família mais ampla do S&P/IFCG Index.

ÁLVARO URIBE; O AGENTE DA MUDANÇA

O presidente da Colômbia, que não tem nada de tolo, está conquistando investidores. Porém, os críticos acusaram-no de ter ligações com paramilitares e de ameaçar um novo acordo de comércio com Washington.

Desde que Álvaro Uribe assumiu a presidência em maio de 2002, crime, inflação e desemprego despencaram, em grande medida em razão de seu punho de ferro na repressão das guerrilhas.

Mas as duras táticas de Uribe estão se tornando um grande problema, na medida em que ele procura expandir as parcerias de comércio da Colômbia com os Estados Unidos. Os críticos acusaram o presidente e seus aliados políticos de manterem ligações com paramilitares de direita, que são responsáveis por mortes de sindicalistas e de outros. Com as acusações em turbilhão, os membros do Partido Democrata no Congresso dos Estados Unidos, incitados pela American Federation of Labor e pelo Congress of Industrial Organizations – AFL-CIO, estão arrefecendo a idéia de ratificar o acordo de livre comércio da Colômbia com os Estados Unidos. No mês passado, o Congresso congelou US$ 55,2 milhões de ajuda destinada às forças armadas colombianas, enquanto o ex-vice-presidente Al Gore censurou Uribe em uma reunião de cúpula sobre meio ambiente, realizada em abril em Miami.

Uribe nega vigorosamente que tenha laços pessoais com paramilitares, argumentando que as acusações foram lançadas por um partido da oposição frustrado, juntamente com a livre imprensa e o judiciário, que ainda estão se reconciliando com décadas de derramamento de sangue. "Nós estamos desmontando aquilo que encontramos: um país que por trinta anos foi dominado pela guerrilha, com vinte anos de presença paramilitar", ele diz. " O país está fazendo a transição dos grupos terroristas que usurpavam o Estado para uma democracia institucionalizada e transparente.

Um fracasso em Washington, de qualquer modo, seria um golpe para Uribe. Durante todo seu mandato, ele esteve pessoalmente envolvido com o trazer investidores estrangeiros para seu país estigmatizado. "Eu trabalhei toda minha vida com o setor privado", ele diz, "e eu considero que o Estado é o empreendimento privado mais importante."

Considere o papel que Uribe desempenhou para atrair os navios de cruzeiro de volta às estações de veraneio do litoral da Colômbia após anos de ausência. Nenhum dos executivos das empresas de navios de cruzeiro americanas nem mesmo atenderia um telefonema do presidente até que, por acaso, Uribe pegou uma recepcionista com dupla nacionalidade, colombiana e americana, para um grupo de comércio e pleiteou que ela o ajudasse a arranjar uma conversa com o diretor presidente da Carnival Cruise Lines, Mickey Arinson. Em 2005, Arinson enviou um grupo de executivos do setor à Colômbia. Lá, Uribe mandou apanhá-los com seu jato particular, com os encostos de cabeça ostentando os vários logotipos de suas empresas, e levou-os para uma ilha ao largo da costa norte da Colômbia. Ele bebeu vinho e jantou com eles, antes de levá-los de avião para sua fazenda em Medellín. "É necessário", ele diz, com um esboço de sorriso. "Você tem de cuidar dos detalhes." Uribe, mais tarde, condecorou o CEO da Royal Carebbean Cruise Lines Ltd., em uma conferência de negócios. O trabalho duro trouxe retorno: neste ano, tanto a Royal Caribbean como a Norwegian Cruise Line estão retornando à Colômbia; Carnival está planejando reentrar no país.

Uribe deve aproveitar o momento para modernizar o mercado de capitais da Colômbia. Os críticos sustentam que a preferência tradicional do governo pelo financiamento via dívida pública está afastando os investidores privados, atrasando o desenvolvimento de estradas e portos, entre outras coisas. "Eu vejo um renascimento da cultura do mercado mobiliário", diz Uribe. "Estamos levando ao mercado de ações muitas empresas que eram estatais, capitalizando não apenas a Ecopetrol e a concessionária de serviços públicos Isagen, mas também seis empresas governamentais de energia, que serão vendidas aos investidores em licitação pública totalmente transparente." O presidente observa que 17 projetos de estradas estão em andamento, assim como a construção de uma segunda linha férrea na costa do Atlântico.

Apesar das acusações de ligação com paramilitares, Uribe ainda goza de mais de 60% de aprovação pública. Assumindo que sobreviva ao tumulto, ele emendará a constituição novamente para buscar um terceiro mandato? "Vamos lá", ele diz, virando os olhos, "este não é o assunto desta entrevista".

MANHÃ DE SEGUNDA-FEIRA

O PROBLEMA
Investir em mercados marginais, que têm rápido crescimento mas também são de alto risco.

A SOLUÇÃO
Superar as barreiras para entrar, familiarizando-se com o país e com os principais jogadores.

Estar preparado para tolerar a volatilidade do mercado, considerando que altas significativas podem ser seguidas por baixas igualmente importantes.

Identificar os mercados com o maior potencial, tornando-se um observador informado da cultura política, de modo a reconhecer os sintomas de progresso e retrocesso.

Entender que um grande negócio pode levar a mudanças súbitas e dramáticas.

SUSTENTANDO O SUCESSO
Reconhecer que um país deve investir em sua infra-estrutura, para manter o crescimento econômico de longo prazo.

TOYOTA: REIVENTANDO A INDÚSTRIA AUTOMOBILÍSTICA

JOGADOR
A Toyota está tomando a ofensiva em todo o mundo, com um ímpeto global e operações na América do Norte, na América do Sul, Sudoeste Asiático, China, Sudeste Asiático, Europa e Japão.

Este artigo, de novembro de 2003, foi reportagem de Brian Bremmer e Chester Dawson, com Kathleen Kervin em Detroit, Christopher Palmeri em Los Angeles, e Paul Magnusson em Washington.

PLANO DE AULA

Lutar pela ênfase constante no aprimoramento de todos os aspectos do negócio.

Simplificar o processo de fabricação e, ao mesmo tempo, fazer a reengenharia dos processos de trabalho, de modo a cortar custos.

Investir em novas linhas de produtos que tenham apelo para um grande espectro de consumidores e que dêem à empresa maior visibilidade e influência em todo o mundo.

PENSAMENTO POSITIVO

Yoi kangae, yoi shina! Esta é a versão da Toyota para "pensamento positivo significa bons produtos." Esse slogan é proclamado em um estandarte gigante que, pendurado, vai de ponta a ponta da fábrica, localizada a uma hora da cidade de Nagoya. Uma plenitude de bons pensamentos penetra o balé high-tech que é apresentado ali durante 17 horas por dia. Seis modelos de carros diferentes – do Corolla compacto ao novo Scion xB orientado para o público jovem – em qualquer uma da meia dúzia de variações de cores ao longo de uma única linha de produção. Acima das cabeças, portas de carros passam em esteiras rolantes que descem ao nível do chão e soltam as portas certas na cor correta de cada veículo. Essa eficiência significa que os trabalhadores da Toyota podem montar um carro em apenas vinte horas.

A combinação de velocidade e flexibilidade é de classe mundial. Mais importante, uma dança similar está acontecendo nas trinta fábricas Toyota ao redor do mundo, com algumas delas sendo capazes de fabricar até oito modelos diferentes na mesma linha de produção. Isto está levando a um monstruoso crescimento de produtividade e de sensibilidade ao mercado – a obsessão em todas as áreas da empresa por aquilo que o presidente Fujio Cho chama de "o aspecto crítico da velocidade".

Lembra-se de quando o Japão iria conquistar o mundo? O empresariado americano estava apoplético diante da idéia de que todas as empresas japonesas possam ser tão obsessivas, produtivas e bem gerenciadas como a Toyota Motor Corp. Nós sabemos o que aconteceu a seguir: um dos mais longos períodos de recessão na história empresarial revelou que a maioria do empresariado japonês era viciada em débito, ineficiente e sem rumo. Atualmente, 13 anos depois de o índice Nikkey ter chegado ao máximo, o Japão ainda está lutando para evitar um declínio permanente. Dominação mundial? Muito difícil.

Exceto em uma área. Em automóveis, os japoneses dominam. E no Japão, uma companhia – Toyota – combina o tamanho, a influência financeira e a excelência produtiva necessários para dominar o setor automobilístico global da maneira como nenhuma outra jamais fez. Certamente, a Toyota, com US$ 146 bilhões em vendas, não está no topo em todas as categorias. A GM é maior – por enquanto. A Nissan Motor Co. é ligeiramente mais lucrativa por veículo na América do Norte, e suas fábricas nos Estados Unidos são mais eficientes. Tanto a Nissan como a Honda também têm linhas de produção flexíveis. Porém, nenhuma montadora é tão forte como a Toyota em tantas áreas.

Obviamente, a montadora sempre avançou com estabilidade. Seus executivos criaram a doutrina *kaizen*, ou aprimoramento contínuo. "Eles encontram um buraco e logo fecham-no", diz a consultora da indústria automobilística

Maryann Keller. "Eles analisam metodicamente os problemas e os resolvem." Porém, nos últimos anos, a Toyota acelerou esses ganhos, aumento o padrão para todo o setor. Considere:

- a Toyota está se aproximando da Chrysler para tornar-se a terceira maior montadora dos Estados Unidos. Sua fatia de mercado nos Estados Unidos, subindo constantemente, está agora acima de 11%;

- seguindo a atual taxa de *expansão*, a Toyota pode ultrapassar a Ford Motor Co. em meados da década como a segunda maior montadora do mundo. A primeira posição – ainda ocupada pela General Motors Corp., com 15% do mercado global – seria o próximo alvo. A meta do presidente Cho são 15% das vendas globais em 2010, partindo dos 10% atuais. "Eles dominam em todos os lugares a que vão", diz Nobuhiko Kawamoto, ex-presidente da Honda Motor Co. "Eles tentam conquistar tudo";

- a empresa Toyota quebrou a maldição japonesa de administrar uma empresa simplesmente em função do aumento das vendas, em vez de em vista do lucro. Suas margens operacionais de 8% ou mais (contra 2% em 1993) atualmente apequenam aquelas das "Três Grandes" de Detroit. Mesmo com o impacto do yen forte, os lucros de 2003, estimados em US$ 7,2 bilhões, serão o dobro dos de 1999. Em 5 de novembro, a companhia informou lucros de US$ 4,8 bilhões sobre vendas de US$ 75 bilhões para o semestre encerrado em 30 de setembro. Resultados como esses deram à Toyota uma capitalização de mercado de US$ 110 bilhões – mais do que o da GM, Ford e DaimlerChrysler juntos;

- ela não apenas completou sua linha de produtos nos Estados Unidos, como veículos utilitários esportivos, caminhões e uma minivan de sucesso, mas também conquistou vantagem psicológica no mercado com o Prius, um carro bi-combustível, alimentação elétrica e a gasolina, ambientalmente amigável. "Esta será uma mudança real de paradigma para o setor", diz Hiroyuki Watanabe, membro do conselho de administração e engenheiro de alto escalão. Em outubro, quando a segunda geração do Prius chegou aos *showrooms* dos Estados Unidos, as concessionárias receberam 10.000 pedidos antes mesmo que o carro estivesse disponível;

- a Toyota lançou um programa conjunto com seus fornecedores para cortar radicalmente o números de passos necessários para montar carros e produzir autopeças. Somente no ano passado, a empresa cortou US$ 2,6 bilhões de seus custos de produção de US$ 113 bilhões, sem fechar fábricas ou demissões em massa. A Toyota tem a expectativa de cortar mais US$ 2 bilhões dos custos deste ano;

- a Toyota está dando os toques finais em um plano para criar um sistema integrado de produção global flexível. Nessa nova rede, as fábricas, da Indonésia à Argentina, serão designadas tanto para customizar automóveis para mercados locais como para mudar a produção de modo a satisfazer rapidamente qualquer aumento de demanda de qualquer mercado do mundo. Fazendo, digamos, sua fábrica da África do Sul atender uma necessidade na Europa, a Toyota pode economizar US$ 1 bilhão, normalmente necessários para a construção de uma nova fábrica.

Se Cho conseguir que essa transformação seja bem-sucedida, ele acabará com uma máquina automotiva que fará tremerem os americanos e os alemães. O corte de custos e o processo de redesenho eliminará bilhões em despesas. Isto manterá as margens altas e liberará recursos para o desenvolvimento de novos modelos e tecnologias, como no caso do Prius; para investimentos em fabricação globalizada, e para a tomada de mercados como a Europa e a China. Modelos e fábricas novos aumentarão a fatia de mercado, que por sua vez trará mais influência para a Toyota.

E se houver algum contratempo – bem, existe uma reserva em caixa e em títulos de US$ 30 bilhões. "Esta é uma empresa que não teme o fracasso", afirma Cho.

BARREIRAS NA ESTRADA?

Alguma coisa pode parar a Toyota? Existem algumas barreiras potenciais. A Toyota nem sempre acerta: suas primeiras investidas no mercado do público jovem, *minivans* e caminhões foram todas decepcionantes. Aproximadamente 70% de seu faturamento continua dependente dos negócios da empresa nos Estados Unidos. Seus sedans de luxo da marca Lexus estão perdendo terreno para os modelos da BMW, apesar de as fortes vendas de

> **GRANDE JOGADA**
> Criar um sistema de produção global ágil para aprimorar a eficiência de maneira dramática, por exemplo, com o redesenho das fábricas ao redor do mundo, de modo que cada uma delas possa customizar automóveis para os mercados locais e ajustar a produção a fim de atender picos súbitos de demanda em outro local.

veículos utilitários esportivos da linha Lexus terem mantido a divisão no jogo. O proprietário de um Toyota tem em média 46 anos, um número que a empresa deve baixar, sob o risco de seguir o caminho do Buick. A maioria dos campeões de venda da Toyota não é exatamente de virar a cabeça.

Ao mesmo tempo, os principais concorrentes da Toyota não estão verdadeiramente descansados. A GM está concluindo uma renovação do Cadillac de US$ 4,3 bilhões e um renascimento está a caminho. De modo geral, a qualidade da GM também está em ascensão. "A Toyota é uma forte concorrente, mas eles não são invencíveis", diz G. Richard Wagoner Jr., presidente da GM. Na Nissan, o CEO Carlos Ghosn duvida de que a grande aposta da Toyota em híbridos terá retorno. "Não haverá qualquer revolução", ele prediz. As "Três Grandes" de Detroit estão rezando para que o yen forte dê um golpe na Toyota. Se o yen permanecer a 110 em relação ao dólar nos próximos 12 meses, a Toyota poderá ver encolher seus lucros em US$ 900 milhões antes da incidência de impostos.

Um fortalecimento do yen pode ter abalado a Toyota na década de 1980, e certamente terá um impacto no próximo ano. Mas atualmente, três décadas após o início de seu esforço global, a Toyota não pode ser acusada de precisar de um yen fraco para subsidiar suas exportações. Desde que iniciou a produção nos Estados Unidos em 1986, a Toyota investiu aproximadamente US$ 14 bilhões naquele país. Por outro lado, muitos de seus custos são agora fixados em dólares: no ano passado, as compras de autopeças e de materiais, feitas pela Toyota de 500 fornecedores norte-americanos somaram US$ 19 bilhões – mais do que o total de vendas anuais da Cisco Systems Inc. ou da Oracle Corp. O investimento nos Estados Unidos é um enorme *hedge* natural contra o yen. "Cerca de 60% do que vendemos aqui, nós montamos aqui", afirmou o presidente da Toyota, Hiroshi Okuda, em seu discurso de 10 de setembro em Washington.

GRANDE JOGADA

Acumular uma reserva de caixa para estar livre para assumir riscos.

Melhor para a Toyota, esses carros também estão entre os maiores fazedores de dinheiro do setor. Tome como exemplo os veículos utilitários esportivos. Há dez anos, a Toyota tinha um insignificante participação de 4%. Atualmente, ela tem 12% desse segmento de altas margens, com oito modelos, cujos preços vão de US$ 19.000,00 para a RAV4 até US$ 65.000,00 para o Lexus LX470 – e ganha até US$ 10.000,00 sobre cada modelo de ponta que ela venda. A empresa está com perseverança tomando da Ford, Chrysler e GM sua primazia no competitivo mercado dos veículos utilitários esportivos nos Estados Unidos e não tem tomado parte nos últimos *rounds* de debates: o incentivo médio da Toyota por carro é de apenas US$ 645,00 neste outono, comparado com US$ 3.812,00 da GM e

US$ 3.665,00 da Ford, segundo o site de observação do mercado *edmunds.com*. Essa é uma guerra de desgaste, na qual Detroit está claramente ultrapassada em poder de fogo.

A determinação da Toyota no que diz respeito aos veículos utilitários esportivos indica uma nova disposição para jogar duramente nos Estados Unidos, que a empresa considera vital para seu esforço pelos 15% de participação no mercado global. "A próxima fase está repleta de caminhões *full-size* e carros jovens, luxuosos e ambientalmente amigáveis", prediz James E. Press, diretor de operações da Toyota Motor Sales USA Inc. A Toyota já tenciona incrementar sua participação de 4,5% no mercado de *pickups*, o último refúgio lucrativo das "Três Grandes". A Toyota está construindo uma fábrica de US$ 800 milhões em San Antonio, Texas, que lhe permitirá mais que dobrar sua produção do modelo Tundra, chegando a 250.000 caminhões por ano em 2006, com equipamentos potentes e espaço suficiente para uma corrida cabeça a cabeça com os maiores modelos de Detroit.

A Toyota planeja estender sua liderança pioneira em carros ecológicos, impulsionando o Prius e acrescentando um veículo utilitário esportivo híbrido Lexus RX 330 no próximo verão. O Lexus fará até 35 milhas por galão, em comparação com as cerca de 21 milhas por galão do RX 330 convencional. A Toyota está atacando vigorosamente o mercado do público jovem como o Scion xB compacto, de US$ 14.500,00, que surpreendeu os críticos da Toyota com seu design angular e minimalista. Desde o lançamento do Scion americano na Califórnia em junho, a Toyota vendeu aproximadamente 7.700 unidades, 30% a mais do que o previsto. James Farley, vice-presidente da Toyota, diz que três de quatro compradores da marca não tinham intenção de comprar um Toyota, quando começaram a procurar um carro novo. "Esta é exatamente a razão pela qual nós começamos o Scion", ele diz.

O Scion é a prova de que a reserva de caixa da Toyota dá-lhe os meios para renovar seus designs sem brilho. Quando Cho viajou pela Alemanha em 1994, ele lembra de ter-lhe sido perguntado por que os carros da Toyota eram tão ma estilizados. Parte do problema, ele diz, é que Toyotas demais foram projetados com os consumidores japoneses em mente e, então, exportados. Alguns funcionaram; outros fracassaram.

Nos dias correntes, as equipes de projeto na costa oeste dos Estados Unidos, no sul da França e

> **GRANDE JOGADA**
> Proteger-se contra flutuações cambiais, investindo de maneira pesada em mercados no exterior, onde a empresa tem domínio, ao mesmo tempo em que está construindo nos Estados Unidos e comprando suprimentos de fornecedores norte-americanos.

na sede japonesa competem por projetos. Isto trouxe resultados, representados por modelos como o Yaris, o campeão de vendas da Toyota na Europa, onde a empresa agora tem 4,4% de participação no mercado, comparados com menos de 3% há uma década. O Yaris foi projetado por um greco, Sotiris Kovos, e então exportado com sucesso ao Japão, em razão de seu jeito europeu. "A Toyota finalmente reconheceu que os compradores querem sentir que eles têm algum nível de estilo", diz Wesley Brown, consultor da pesquisadora de automóveis Iceology. O *coupé* esporte Solara redesenhado também está recebendo notas altas: uma linha em V, subindo desde a grade frontal, empresta-lhe uma silhueta mais robusta e seu interior é 20% mais espaçoso que costumava ser.

O HOMEM TOYOTA

O condutor da Toyota a esse novo nível de vigor global é Cho. Ele personificou o Toyota Man: discreto, sorridente, mas um executivo cujo radar parece identificar cada problema e cada oportunidade. "Cho entende mais que qualquer outra pessoa que eu tenha conhecido aquilo que está realmente acontecendo no chão de fábrica", diz o consultor de produção Ronald E. Harbour, cujo relatório anual sobre produtividade feito por sua empresa é a bíblia do setor.

Essa sensibilidade em relação à fábrica não veio naturalmente. Esse homem de 66 anos, totalmente dedicado à empresa, estudou Direito em vez de Administração, na prestigiosa Universidade de Tóquio e poderia facilmente ter terminado como um burocrata anônimo do Ministério das Finanças. Porém, Cho aprendeu o negócio de automóveis – e claramente aprendeu bem – no colo de Taichi Ohno, o criador do legendário Toyota Production System, uma série de preceitos domésticos sobre produção eficiente, que mudou o setor. Ohno, um engenheiro brilhante mas de cabeça quente, ensinou Cho sobre a necessidade de ser flexível e de olhar para frente.

Esse conselho foi alguma coisa que Cho considerou inestimável, quando foi designado para supervisionar o lançamento, em 1988, da fábrica-chave da Toyota nos Estados Unidos, em Georgetown, Kentucky, atualmente a maior fábrica da empresa nos Estados Unidos, onde é montado o sedan Camry. Cho, de boa natureza e despretensioso, trabalhou regularmente no chão de fábrica, fazendo questão de apertar a mão de cada operário de linha no Natal, para demonstrar seu apreço. Ele falava nas reuniões do Rotary Club e parava para conversar com as pessoas em Georgetown.

Considerando o incremento das vendas da Toyota nos Estados Unidos no final da década de 1990, poucos de dentro da empresa ficaram surpresos quando Cho chegou ao topo. Entretanto, igualmente poucos tinham idéia de que o novo presidente estava prestes a desencadear tantas mudanças de impacto. Como seu predecessor, Okuda, Cho estava há muito tempo frustrado com o processo glacial de tomada de decisão e com o isolamento cultural da Toyota. Essas características da empresa levaram à perda de oportunidades, como quando os planejadores de produtos na sede no Japão resistiram aos pedidos de seus colegas dos Estados Unidos para fabricar uma *pickup* de oito cilindros. Cho está retificando aquela deficiência, com certo gosto de vingança, com a fábrica de San Antonio.

Então, três anos atrás, enquanto Ghosn – "o matador de custos" – cortava bilhões na concorrente Nissan, além de estar reduzindo seus fornecedores à metade, Cho teve uma revelação: se a Nissan podia fazê-lo, a Toyota poderia fazer ainda melhor. O programa resultante, chamado de *Construction of Cost Competitiveness for the Twenty-First Century*, ou CCC21, recorre às forças da empresa por meio do conselho para produzir carros com mais eficiência. Esse programa também está virando muitas operações pelo avesso.

GRANDE JOGADA
Atender os desejos de consumidores de países diversos.

NENHUM DETALHE É PEQUENO DEMAIS

A Toyota sempre valorizou a frugalidade. Ainda se reduz a calefação dos dormitórios de propriedade da empresa destinados aos empregados, durante suas horas de trabalho e rotula suas máquinas de fotocópia com o custo por cópia para desencorajar o abuso. A redução de custos, contudo, era freqüentemente uma questão a ser tratada em etapas. Com o CCC21, Cho estabeleceu a meta ambiciosa de cortar os preços de todos os principais componentes para os modelos novos em 30%, o que implicou trabalhar com os fornecedores e com os funcionários da própria Toyota para descobrir os excessos. "Previamente, nós tentamos encontrar o desperdício aqui e ali", diz Cho. Mas agora há uma nova dimensão de propostas sendo apresentadas.

Ao se implantar o CCC21, nenhum detalhe é pequeno demais. Por exemplo, os projetistas da Toyota examinaram cuidadosamente alças para segurar-se, colocadas acima das portas da maioria dos carros. Trabalhando com os fornecedores, eles conseguiram reduzir o número de componentes dessas alças de 34 para 5, o que ajudou a reduzir os custos do processo de compra em 40%. Além do mais, a mudança reduziu o tempo necessário à instalação em 75% – para três segundos. "A pressão é para reduzir custos em todos os estágios", diz Takashi Araki, gerente de projeto da Aisin Seiki Co., fabricante de autopeças.

Exatamente como Cho acredita que pode conseguir mais dos fornecedores, ele pensa que a Toyota pode fazer seus trabalhadores serem muito mais produtivos. Isso é *kaizen* clássico, mas atualmente está engatado em *overdrive*. No meio da fábrica de Kentucky, por exemplo, uma equipe de *kaizen*, formada por empregados particularmente produtivos, trabalha em uma estrutura como uma barraca. A única tarefa do grupo é descobrir meios de economizar tempo e dinheiro. Os empregados de Georgetown, por exemplo, recomendaram a remoção da base de apoio do radiador – a parte mais baixa do carro – até o último estágio da montagem. Dessa forma, os trabalhadores podem ficar em pé dentro do compartimento do motor para instalar os componentes, ao invés de ter de debruçar-se sobre a frente do carro, arriscando distender as costas. "Nós éramos obrigados a curvar-nos para dentro do carro para instalar alguma coisa", explica Darryl Ashley, 41, natural de Kentucky e de fala mansa, que ingressou na Toyota há nove anos.

Em Cambridge, Ontário, Cho está indo ainda mais longe. Ele está determinado a mostrar ao mundo que a Toyota pode atingir seus próprios padrões mais elevados de excelência em qualquer lugar do sistema. Chegou a ser doutrina da empresa que o Lexus podia ser fabricado somente no Japão. Isso não prevalece mais. A produção do veículo utilitário esportivo RX 330 começou em Cambridge em 26 de setembro. Se as mãos canadenses podem produzir com a mesma qualidade que suas contrapartes japonesas, a Toyota será capaz de cortar os custos de frete, mudando a produção do Lexus para o mercado onde o grosso das vendas desses carros acontece.

> **GRANDE JOGADA**
>
> Instituir metas financeiras ambiciosas como parte de um plano maior, o Construction of Cost Competitiveness for the Twenty-First Century, segundo o qual todos os aspectos do processo de fabricação – mesmo os mínimos – são esmiuçados.

Os chefes japoneses colocaram os canadenses no compasso. Os 700 trabalhadores da linha de produção do RX 330 treinaram por 12 semanas, incluindo tarefas no Japão para 200 deles. Lá, os canadenses conseguiram superar as equipes japonesas em controle de qualidade em uma linha simulada de produção do Lexus. Cambridge levou o foco da Toyota no *poka-yoke*, ou medidas à prova de acidentes, para outro nível. A fábrica introduziu as estações "Circle L", na qual os trabalhadores devem verificar duas ou três vezes as peças de que os consumidores tenham reclamado – qualquer coisa, desde o porta-luvas até os sistemas de suspensão. "Nós sabemos que se conseguirmos fazer isto direito, nós poderemos montar outros modelos Lexus", diz Jason Birt, um trabalhador da linha do Lexus, com 28 anos de idade.

Os trabalhadores de Cambridge são auxiliados por uma peça radical da tecnologia de produção que está sendo introduzida em todas as fábricas da Toyota pelo mundo afora. O sistema, chamado de *Global Body Line*, mantém as estruturas do veículo no lugar, enquanto elas estão sendo soldadas, usando apenas uma braçadeira-mestra em vez das dezenas de braçadeiras separadas exigidas em uma fábrica convencional. Nada de extraordinário? Talvez, mas o custo de instalação do sistema é a metade. Os analistas dizem que ele permite que a Toyota economize 75% do custo de readequar uma linha de produção para montar um carro diferente, e é crucial para a capacidade da Toyota de produção de modelos múltiplos em uma única linha. Melhor ainda, a braçadeira aumenta a rigidez do carro no início da produção, o que aumenta a precisão das soldas e contribui para um veículo mais estável. "Os resultados finais são: melhor qualidade, linhas de soldagem mais curtas, reduzido investimento de capital e menor tempo para lançar veículos novos", diz Atsushi Niimi, presidente da Toyota Motor Manufacturing North America.

Cho e seus gerentes não estão apenas fazendo a reengenharia da maneira pela qual a Toyota fabrica seus carros – eles querem revolucionar o modo pelo qual a Toyota cria seus produtos. Com a expansão do correio eletrônico e da teleconferência, as equipes de projetistas, engenheiros, planejadores de produtos, operários e fornecedores raramente convergem para um mesmo lugar. Sob a direção de Cho, eles novamente são chamados a trabalhar frente a frente, em um processo que a Toyota chama de *obeya* – literalmente "grande sala".

> **GRANDE JOGADA**
>
> Exigir *brainstorming* presenciais para novos modelos, em vez de fazê-los por teleconferência ou outros meios, com o objetivo de facilitar a colaboração e instituir aprimoramentos com rapidez.

Isso reduz o tempo para levar um carro da prancheta para o *showroom*. Foram necessários apenas 19 meses para desenvolver o Solara 2003. Isto é melhor que os 22 meses para a última minivan Sienna, e os 26 meses para o último Camry – bem abaixo da média do setor de cerca de três anos.

Se tudo isto soa como se a Toyota estivesse em uma poderosa onda de crescimento, isto é real. Ao mesmo tempo em que Cho é moderado e modesto, a revolução por ele desencadeada não tem nada dessas características. A Toyota está no meio de uma remodelação transformadora – e, se Cho for bem sucedido, toda a indústria automobilística global também estará no mesmo caminho.

MANHÃ DE SEGUNDA-FEIRA

O PROBLEMA
Expandir agressivamente o negócio, de modo que a empresa domine um setor globalizado intensamente competitivo.

Encontrar outros meios de aprimorar a eficiência e de cortar custos em uma cultura que já é famosa por sua frugalidade.

A SOLUÇÃO
Abraçar o conceito *kaizen*, ou aprimoramento constante, de modo que a organização esteja constantemente elevando os padrões de desempenho.

Parar de fazer cortes por etapas. Estabelecer metas financeiras e exortar os empregados a analisarem o processo produtivo detidamente e trazerem idéias, tanto de grandes como de pequenas inovações, que reduzam as despesas.

Desenvolver linhas de produtos inventivos novos, que atendam os gostos de consumidores globais, criando competições entre designers de países diversos.

Acelerar o desenvolvimento e a produção de novos produtos, tornando obrigatória a colaboração frente a frente.

Introduzir flexibilidade no sistema produtivo, de modo que as fábricas possam aumentar ou customizar a produção, quando necessário.

SUSTENTANDO O SUCESSO
Estar certo de que a qualidade permaneça a preocupação primordial e de que ela não seja sacrificada, ao mesmo tempo em que a empresa continua a procurar modos novos de reduzir custos.

PLANETA STARBUCKS: TORNE-SE GLOBAL, CRESÇA RAPIDAMENTE

JOGADOR
Nonfat triple latte. Mocha Frapuccino. Grande-to-go. São parte do jargão que a Starbucks Coffee está popularizando ao redor do mundo. De fato, atualmente é a maior empresa de café do mundo.

Esta reportagem, de setembro de 2002, foi preparada por Stanley Holmes em Seattle, com Drake Bennett em Paris, Kate Carlisle em Roma, e Chester Dawson em Tókio, com repórteres das sucursais.

PLANO DE AULA

Lutar por excelência pela ênfase constante no aprimoramento de todos os aspectos do negócio.

Simplificar o processo de fabricação e, ao mesmo tempo, fazer a reengenharia dos processos de trabalho, de modo a cortar custos.

Investir em novas linhas de produtos que tenham apelo para um grande espectro de consumidores e que dêem à empresa maior visibilidade e influência em todo o mundo.

XÍCARA POR XÍCARA

A loja da Starbucks na esquina da Sexta Avenida com Pine Street no centro de Seattle encontra-se calma e em ordem, tão pouco digna de nota como qualquer outra da rede comprada há 15 anos pelo empreendedor Howard Schultz. Pouco menos de três anos atrás, entretanto, a fachada desta loja sossegada foi primeira página na imprensa de todo o mundo. Durante as negociações da Organização Mundial do Comércio em novembro de 1999, manifestantes tomaram as ruas de Seattle e, entre seus alvos, estava a Starbucks, um símbolo para eles do investimento furioso no capitalismo de mercado, outra multinacional para cobrir a Terra. Em meio à multidão de manifestantes e da polícia de choque, havia anarquistas usando máscaras negras, que deixaram as vitrines da loja estilhaçadas e sua decoração interior branco e verde de bom gosto cheirando a gás lacrimogênio em vez de expresso. Diz Schulz nervosamente: "É doloroso. Penso que as pessoas estão mal informadas. É muito difícil protestar contra uma lata de Coca-Cola, uma garrafa de Pepsi ou uma lata de Folgers. A Starbucks é tanto a marca que se vê por todos os lugares como um lugar aonde você pode ir e quebrar uma janela. Você não pode quebrar uma lata de Coca-Cola."

A loja foi rapidamente recuperada e os manifestantes dispersaram-se em outras cidades. Entretanto, xícara por xícara, a Starbucks está realmente inundando o mundo de cafeína, seu emblema branco e verde atraindo consumidores em três continentes. Em 1999, a Starbucks Corp. tinha 281 lojas no exterior. Atualmente, são cerca de 1.200 – e trata-se do estágio inicial de um plano de colonizar o globo. Se os manifestantes estavam errados em suas táticas, eles não estavam enganados quanto às ambições da Starbucks. Eles estavam apenas adiantados.

A história de como Schultz & Co. transformou uma prosaica *commodity* em acessório diferenciado de consumo tem lampejos de conto de fadas. A Stabucks cresceu de 17 cafeterias em Seattle há 15 anos para 5.689 pontos de venda em 28 países. As vendas aumentaram, em média, 20% ao ano desde que a empresa abriu seu capital há 10 anos, chegando a US$ 2,6 bilhões em 2001, enquanto os lucros aumentavam, em média, 30% ao ano, alcançando US$ 181,2 milhões no ano passado. E o impulso continua. Nos primeiros três trimestres deste ano fiscal, as vendas subiram 24%, considerado o período de um ano, alcançando US$ 2,4 bilhões, ao mesmo tempo em que os lucros, sem encargos e ganhos de capital, aumentaram 25%, chegando a US$ 159,5 milhões.

Por outro lado, o nome e a imagem Starbucks ligam-se a milhões de consumidores ao redor do mundo. Foi uma das marcas de crescimento mais rápido na pesquisa da *BusinessWeek* das cem maiores marcas publicada em 5 de agosto. Numa fase em que um astro corporativo atrás do outro despenca e estilhaça-se contra a Terra, atraídos para o chão por revelações de falsas informações sobre ganhos, ganância dos executivos ou por motivo pior, a Starbucks não tropeçou. A empresa prevê com confiança 25% de crescimento das vendas anuais e aumento dos ganhos neste ano. Em Wall Street, a Starbucks é a última história de crescimento. Suas ações, incluindo quatro desdobramentos acionários, subiram mais de 2.200% na última década, ultrapassando os títulos da Wal-Mart, General Electric, PepsiCo, Coca-Cola, Microsoft e IBM em retorno total. Agora, a US$ 21,00, a cotação das ações da Starbucks ronda seu ponto histórico máximo de US$ 23,00 em julho, antes da queda geral do mercado.

Após a desaceleração do outono e inverno passados, quando os consumidores pareciam recolher-se em seguida ao 11 de Setembro, a Starbucks está novamente subindo como um foguete. As vendas nas lojas abrem pelo menos 13 meses de crescimento, a 6% nas 43 semanas até 28 de julho, e a empresa tem a previsão de crescimento das vendas nas lojas de até 7% até o final deste ano fiscal. Isso fica abaixo dos 9% da taxa de crescimento em 2000, mas os investidores parecem confiantes. "Nós vamos ver muito mais crescimento", diz Jerome A. Castellini, presidente da CastleArk Management, com sede em Chicago, que controla cerca de 300.000 ações da Starbucks. "A cotação dessas ações está em uma corrida."

Quanto tempo, porém, a corrida pode durar? A equipe de Schultz já está sob pressão para gerar novos lucros em um mercado doméstico, que rapidamente está se tornando saturado. Curiosamente, com 4.247 lojas espalhadas pelos Estados Unidos e pelo Canadá, ainda existem oito Estados americanos sem lojas Starbucks. As cidades *Frappuccino-free* incluem Butte, Montana, e Fargo, Carolina do Norte. No entanto, as grandes cidades, os subúrbios afluentes e shopping centers estão transbordando de lojas Starbucks. Na Seattle louca por café, há um ponto de vendas da Starbucks para cada 9.400 habitantes, o que é considerado pela empresa como o limite máximo de saturação. Nas 24 milhas quadradas de Manhattan, a Starbucks tem 124 cafeterias, com mais quatro a caminho neste ano. Isto equivale a uma loja para cada 12.000 habitantes – significando que não poderia haver espaço para mais lojas. Dada tal concentração, é provável que o aumento de vendas de uma mesma loja venha a ser de 10% ou mais, se a empresa mantiver seu histórico de crescimento geral. Isto, como eles podem dizer na Starbucks, é uma *tall order* para atender.

> **GRANDE JOGADA**
> Evitar um recuo dos consumidores, adotando práticas comerciais leais e trabalhando para ser vista como uma boa empresa-cidadã.

Na verdade, a concentração de tantas lojas tão próximas umas das outras tornou-se piada nacional, evocando gracejos como esta manchete do jornal *The Onion*, uma publicação satírica: "Abre uma Nova Starbucks no Banheiro da Starbucks Existente." E mesmo a empresa admite que, apesar de sua prática de cobrir uma área com lojas ajudá-la a obter o domínio do mercado, ela pode tirar clientes de pontos de venda pré-existentes. "Nós provavelmente "comemos" nossas lojas a uma taxa de 30% ao ano", Schultz diz. Mitchell Speiser, analista da Lehman Brothers Inc., acrescenta que "a Starbucks está em um ponto decisivo para seu crescimento. A empresa está atingindo um estágio em que é mais e mais difícil crescer, simplesmente em função da lei dos grandes números."

Para duplicar os retornos assombrosos de sua primeira década, a Stabucks não tem outra escolha senão exportar seu conceito agressivamente. De fato, alguns analistas dão à Starbucks apenas dois anos, no máximo, antes que o mercado dos Estados Unidos esteja saturado. A rede atualmente opera 1.200 pontos de venda internacionais, de Pequim a Bristol. Isto ainda deixa muito espaço para crescer. Realmente, cerca de 400 de suas 1.200 novas lojas programadas para este ano serão construídas no exterior, representando 35% de crescimento de sua base internacional. A Starbucks tem a expectativa de dobrar o número de suas lojas a cada ano no mundo todo, para chegar a 10.000 em três anos. Durante os últimos 12 meses, a rede abriu lojas em Viena, Zurique, Madri, Berlim e mesmo na distante Jacarta. Atenas é a próxima. Dentro do próximo ano, a Starbucks planeja entrar no México e em Porto Rico. A expansão global, porém, impõe riscos enormes para a Starbucks. Pelo fato de a empresa obter menos dinheiro de cada loja no exterior, já que a maioria delas é operada por um parceiro local. Ao mesmo tempo em que essa prática torna mais fácil iniciar a corrida no exterior, ela reduz a participação da empresa nos lucros de 50% para apenas 20%.

Por outro lado, a Starbucks precisa enfrentar alguns desafios previsíveis, próprios de uma empresa madura nos Estados Unidos.

Depois de ter pegado a onda dos *baby boomers* bem-sucedidos ao longo da década de 1990, a empresa enfrenta uma recepção ameaçadora e hostil dos futuros consumidores, a Geração X, com idades entre vinte e tanto e trinta e poucos anos. Não apenas dos ativistas dentre esse segmento populacional afastou-se em função do poder e da imagem dessa marca tão conhecida, mas muitos outros dizem que as variações sofisticadas de café com leite e as músicas de Kenny G são uma verdadeira perdição. Eles não se sentem acolhidos em um lugar que venda café *gourmet* a US$ 3,00 a xícara.

Mesmo a sede dos seguidores fiéis de cafés de alto preço não podem ser tomados por certos. O crescimento da Starbucks ao longo da última década coincidiu com um marcante crescimento da economia. Os gastos dos consumidores continuaram vigorosos na inflexão do ciclo ascendente, mas, se isto mudar, esse cafés com leite a US$ 3,00 podem ser um bom alvo de corte para quem deve manter-se dentro do orçamento. Os executivos da Starbucks insistem que não acontecerá, argumentando que mesmo nas semanas seguintes aos ataques terroristas as comparações de mesma loja mantiveram-se positivas, enquanto que as de concorrentes patinaram.

A Starbucks também enfrenta queda brusca do moral e esgotamento de empregados dentre seus gerentes de loja e de seu exército de baristas que já foram alegres. *Stock options* para trabalhadores em tempo parcial no ramo de restaurantes foi uma inovação da Starbucks, que costumava gozar de admiração e respeito por parte de seus empregados. Mas agora, embora os empregados ainda sejam mais bem pagos que trabalhadores de mesmo nível em outros locais – aproximadamente US$ 7,00 por hora – muitos vêem o emprego como apenas mais uma enganação no ramo de *fast-food*. A insatisfação com turnos de trabalho e baixos salários está afetando a qualidade do serviço normalmente excelente e até mesmo o próprio café, dizem alguns consumidores e empregados. Gerentes de loja frustrados entre as aproximadamente 470 lojas da empresa na Califórnia processaram a Starbucks em 2001 por alegadas recusas de pagamento de horas extras, legalmente obrigatórias. A Starbucks fez um acordo para encerrar a demanda pelo valor de US$ 18 milhões em abril passado, retirando US$ 0,03 por ação de um trimestre forte, não fosse por isso. De qualquer forma, o núcleo da reclamação – sentir-se trabalhando demais e pouco recompensado – não parece ter desaparecido.

Manter consistentes as operações e permanecer no controle de sua imagem, evitando ter franquias e sendo proprietária de todas as suas lojas.

Com certeza, a Starbucks tem muitas coisas indo a seu favor, ao mesmo tempo em que ela enfrenta o desafio de manter o crescimento. Praticamente sem dívidas, ela financia sua expansão com o fluxo de caixa. A Starbucks pode manter um controle rígido de sua imagem, porque suas lojas são próprias: não há franquias desleixadas na condução dos negócios. Contando com sua mística e na propaganda de boca em boca, tanto nos Estados Unidos como no exterior, a empresa economiza um bom tanto em despesas de marketing. A Starbucks gasta em publicidade apenas US$ 30 milhões ao ano, ou aproximadamente 1% de sua receita, normalmente apenas para sabores novos de suas bebidas à base de café no verão ou

> **GRANDE JOGADA**
> Assumir o controle de uma mercado rapidamente por meio de saturação da área, uma jogada que garante crescimento de vendas e minimiza despesas.

para o lançamento de produtos, como seu novo serviço da Web nas lojas. A maioria das empresas de consumo do porte da Starbucks gasta mais de 300 milhões ao ano. Por outro lado, ao contrário do McDonald's ou da Gap Inc., dois outros varejistas que cresceram rapidamente nos Estados Unidos, a Starbucks não tem concorrentes em nível nacional.

A Starbucks também tem uma equipe de gerência bem preparada. Schultz, 49 anos, deixou a posição de executivo-chefe em 2000, para tornar-se presidente e estrategista-chefe global. Orin Smith, 60 anos, o *number-cruncher* da empresa, é atualmente o CEO e tem sob sua responsabilidade as operações do dia-a-dia. O diretor das operações americanas é Howard Behar, 57 anos, um especialista em varejo que retornou em setembro último, dois anos após ter-se aposentado. O triunvirato é conhecido como H2O, Howard, Howard e Orion.

Schultz permanece com o corpo e a alma do negócio. Criado em um conjunto habitacional público do Brooklyn, ele chegou à Starbucks, uma pequena rede de cafeterias de Seattle, como executivo de marketing no começo da década de 1980. O nome surgiu, quando o proprietário original procurou inspiração na história de Seattle e escolheu o apelido de um antigo campo de mineração: Starbo. Refinamentos posteriores levaram a Starbucks, inspirado no primeiro imediato na obra *Moby Dick*, que eles acharam que evocava as românticas viagens marítimas dos primeiros comerciantes de café (daí o logotipo com uma sereia). Schultz teve a idéia para o formato moderno da Starbucks, enquanto visitava um café de Milão. Ele comprou a participação acionária de seus chefes em 1987 e começou a expandir.

Atualmente, Schultz tem um capital líquido de cerca de US$ 700 milhões, incluindo US$ 400 milhões de ações da empresa.

A Starbucks está a anos-luz daquele humilde começo, mas Schultz e sua equipe ainda pensam que há espaço para crescer nos Estados Unidos – mesmo em localidades em que a rede já tem dezenas de lojas. Agrupar lojas aumenta a receita agregada e a fatia de mercado, argumenta Smith, mesmo quando as lojas individualmente invadem a área de influência umas das outras. A estratégia funciona, ele afirma, em virtude do tamanho da Starbucks. Ela é grande o suficiente para absorver prejuízos de lojas pré-existentes na medida em que novas são inauguradas e, sem demora, as vendas totais crescem além do que costumavam ser com apenas uma loja. Ao mesmo tempo, é mais barato abastecer e gerenciar lojas que estão localizadas umas próximas das outras. Agrupando as lojas, a Starbucks pode rapidamente dominar um mercado local.

A empresa é ainda capaz de projetar e inaugurar uma loja em 16 semanas ou menos, e de recuperar o investimento inicial em três anos. As lojas podem ser oásis de tranqüilidade, mas as táticas de expansão são coisa diferente. Veja, por exemplo, o que os críticos chama sua estratégia "imobiliária predatória" – pagar mais do que os aluguéis correntes de mercado para afastar concorrentes. David C. Schomer, proprietário do Espresso Vivace em Capitol Hill, bairro elegante de Seattle, diz que a Starbucks abordou seu senhorio e ofereceu-lhe pagar quase o dobro do valor do aluguel para instalar uma loja de café no mesmo prédio. O proprietário ficou com Schomer, que diz: "É um tanto desconcertante saber que alguém está disposto a pagar duas vezes mais que o valor corrente". Em outra ocasião, a Starbucks e a Tully's Coffee Corp., uma cadeia de cafeterias com sede em Seattle, estavam competindo por um espaço na cidade. A Starbucks conseguiu o contrato de locação, mas desocupou as instalações antes do termo final do prazo contratado. Ainda assim, ao invés de permitir que a Tully's ficasse com o espaço, a Starbucks decidiu continuar pagando o aluguel da loja vazia para que sua concorrente não pudesse mudar para lá. Schultz não pede desculpas por essas táticas duras. "O negócio imobiliário nos Estados Unidos é um jogo muito, muito duro", ele diz. "Não é para corações moles."

Contudo, a estratégia da empresa pode sair pela culatra. Não apenas os ativistas da vizinhança e os negociantes locais ressentem-se de forma crescente dessas táticas, mas os consumidores também podem aborrecer-se de ter menor número de opções. Ademais, os analistas sustentam que a Starbucks pode manter aproximadamente 15% de crescimento em metros quadrados nos Estados Unidos – o equivalente a 550 lojas novas – por somente dois anos mais. Depois desse período, a empresa dependerá do crescimento internacional para manter um crescimento de receita de 20% ao ano.

A Starbucks esperava obter muito desse crescimento por meio de mais vendas de alimentos e de outros itens diferentes do café, mas ela se enganou de alguma forma. No final da década de 1990, Schultz pensou que oferecer sanduíches de US$ 8,00, sobremesas e CDs em suas lojas, assim como café moído empacotado em supermercados aumentaria as vendas significativamente. O negócio de especialidade aroa responde por 16% das

GRANDE JOGADA

Manter a rapidez do serviço com medidas como a venda de cartões pré-pagos e com a instalação de máquinas automáticas de café expresso.

vendas, mas o crescimento foi menor do que esperado. Um crescimento saudável de 19% neste ano está ainda bem abaixo da taxa de crescimento de 38% do ano fiscal de 2000. Isso sugere que, ao mesmo tempo em que o café pode impor preços altos em períodos de declínio, alimentos – ao menos na Starbucks – não podem. Uma das metas mais importantes de Behar é aprimorar aquele recorde. Por exemplo, a empresa atualmente tem um programa-piloto de servir café da manhã quente em 20 lojas de Seattle e vir a expandir a venda de café em grãos nos supermercados.

O mais importante em termos de *bottom line*, entretanto, é que a Starbucks provou ser altamente inovadora na maneira como vende seu principal produto: café. Em 800 localidades, ele instalou máquinas automáticas de café expresso para agilizar o serviço. Em novembro, começo a oferecer cartões Starbucks pré-pagos, com preços de US$ 5,00 a US$ 500,00, que os atendentes passam por uma leitora para deduzir o valor da venda. Isto, diz a empresa, reduz o tempo das transações à metade. A Starbucks vendeu US$ 70 milhões em cartões.

> **GRANDE JOGADA**
> Levar em consideração diferenças culturais, quando realizar negócios no exterior.

No início de agosto, a Starbucks lançou Starbucks Express, sua mais ousada experiência até o momento, que mistura java, tecnologia Web e serviço mais rápido. Em cerca de 60 lojas na região de Denver, os consumidores podem antecipar pedidos e pagamentos de bebidas e itens de confeitaria pelo telefone ou pelo site Starbucks Express. Eles apenas fazem a ligação ou clicam o mouse antes de chegar à loja, e sua bebida estará à espera – com seus nomes impressos no copo.

A empresa decidirá em janeiro sobre o lançamento nacional.

A Starbucks está debruçada sobre outras mudanças fundamentais em suas lojas. Em 21 de agosto, a empresa anunciou a expansão do serviço *wireless* de acesso à internet com alta velocidade para cerca de 1.200 lojas da Starbucks na América do Norte e na Europa. Os parceiros no projeto – que a Starbucks considera como a maior rede Wi-Fi do mundo – incluem Móbile International, um subsidiária da Deutsche Telekom, e Hewlett-Packard. Os consumidores podem sentar-se na loja e verificar seu e-mail, navegar pela Web ou baixar apresentações multimídia sem procurar conexões ou tropeçar em cabos. Eles começam com 24 horas de acesso gratuito em banda larga antes de escolher um dos vários planos de assinatura mensal.

Os executivos da Starbucks esperam que essas inovações os ajudem a ultrapassar o mais duro desafio no mercado doméstico: atrair a próxima geração de consumidores. Os bebedores de café mais jovens ainda se sentem incomodados nas lojas. A empresa sabe disto, porque chegou a ter um grupo de vinte e tantos hipnotizados por um estudo de mercado. "Eles não podem pagar pelo café na Starbucks ou os únicos pares que vêem são aqueles atrás do balcão", diz Mark Barden, que conduziu a pesquisa para a agência de propaganda Hal Riney & Partners (atualmente parte da Publicis Worldwide) em San Francisco. Um dos temas recorrentes que essa hipnose trouxe à tona foi um sentimento de que "as pessoas como eu não são bem-vindas aqui, exceto se for para servir aos *yuppies*", ele diz. Então, existem aqueles que simplesmente considerar todo o cenário da Starbucks um pouco pretensioso. Kattie Kelleher, com 22 anos, estagiária de direito em Chicago, foi afastada pela terminologia italiana da Starbucks para o tamanho das porções de café, *grande* ou *venti*. Ele prefere Dunkin´Donuts, dizendo: "*small, medium* e *large* estão bem para mim."

Na medida em que se expande, a Starbucks confronta-se com outro risco grande: o de tornar-se um lugar bem menos especial para seus empregados. Para uma empresa modelada em função de um serviço entusiástico, aquilo poderia ter conseqüências terríveis tanto para sua imagem como para suas vendas. Durante seu esforço de crescimento de meados para o final da década de 1990, a Starbucks teve a mais baixa rotatividade de empregados de qualquer restaurante ou empresa de fast-food, graças sobretudo a sua política então inusitada de oferecer seguro-saúde e plano modesto de *stock options* a trabalhadores de tempo parcial, que ganhavam pouco mais que o salário mínimo.

Tais benefícios não são mais suficientes para manter todos os trabalhadores felizes. O salário pago pela Starbucks não chega perto de compensar a carga de trabalho exigida pela empresa, segundo reclamam alguns funcionários. Carrie Shay, uma ex-gerente de loja em West Hollywood, Califórnia, afirma: "se estivesse ganhando um salário decente, eu ainda estaria lá". Shay, uma das

> **GRANDE JOGADA**
>
> Investir em inovações para atrair a geração mais jovem de consumidores, como implantar redes Wi-Fi em suas lojas.

autoras da ação judicial contra a empresa, diz que ganhava US$ 32.000,00 por ano para gerenciar uma loja com 10 a 15 empregados de tempo parcial. Ela contratava empregados, administrava suas escalas e monitorava as planilhas de lucros e prejuízos da loja toda semana. Porém, a empresa também tinha a expectativa que ela dedicasse tempo significativo para ficar atrás do balcão, e ela tinha que assinar uma declaração, comprometendo-se a trabalhar até vinte horas suplementares por semana sem pagamento extraordinário – uma exigência que a empresa abandonou desde a celebração do acordo para extinção do processo judicial. Smith diz que a Starbucks oferece salário, benefícios e treinamento melhores que as concorrentes, ao mesmo tempo em que apóia as promoções internas.

Com certeza, o descontentamento de empregados está longe da imagem que a Starbucks deseja projetar de trabalhadores descontraídos, preparando *capuccinos* com animação. Talvez, contudo, seja inevitável. O modelo de negócio exige um bocado de trabalhadores de baixos salários. E quanto maior a quantidade de pessoas contratadas na medida em que a Starbucks expande-se, menor a possibilidade de que eles sintam-se vinculados à missão original de serviços de alta qualidade – brincando com clientes e os tratando como membros da família. Robert J. Thompson, professor de cultura popular da Universidade de Sycarcuse, diz sobre a Starbucks: está se revelando como uma das grandes histórias americanas de sucesso do século XXI – com todas as ambigüidades desses casos."

No exterior, entretanto, o pacote completo da Starbucks parece novo e, para muitos jovens, ainda muito *cool*. Em Viena, onde a Starbucks fez uma inauguração de gala para sua primeira loja em dezembro passado, Helmut Spudich, editor de negócios do jornal *Der Standard*, previu que a Starbucks atrairia uma multidão mais jovens que os cafés ali estabelecidos. "As cafeteriais de Viena são boas, mas são velhas. Starbucks é considerada avançada", ele diz

> **GRANDE JOGADA**
>
> Operar com parceiros locais e criar produtos novos, feitos na medida do gosto doméstico.

Porém, se a Starbucks pode contar com seu apelo jovem para conquistar as boas vindas em mercados novos, esse entusiasmo não pode servir indefinidamente. No Japão, a empresa superou até mesmo suas próprias expectativas mais obstinadas, crescendo para 368 lojas depois de abrir a primeira em Tóquio em 1996. Mulheres japoneses de alto poder aquisitivo como Anna Kato, trabalhadora da Toyota Motor Corp. com 22 anos de idade, adorava o lugar. "Eu não me importo se custa mais, desde que tenha sabor doce", ela diz, sentada na mais movimentada loja Starbucks, no distrito Shibuya de Tóquio. Entretanto, o crescimento de vendas de mesma loja no Japão, o maior mercado estrangeiro da Starbucks, caiu nos últimos 10 meses, ao mesmo tempo em que os concorrente oferecem preço semelhante. Acrescente a isso a economia em depressão, e Starbucks Japan parece estar perdendo terreno. Apesar de a empresa prever um aumento de 30% no lucro líquido, chegando a US$ 8 milhões, para o ano iniciado em abril, sobre vendas recordes de US$ 516 milhões, a comparação pelo método "mesma loja" revela uma queda de 14% para o ano encerrado em junho. Neste ínterim, na Inglaterra, o segundo maior mercado internacional da Starbucks, com 310 lojas, imitadores estão surgindo em profusão, para roubar participação de mercado.

Entrar em outros mercados grandes pode ser ainda mais duro. O mercado francês para estar pronto para o sabor mais doce da Starbucks, diz Philippe Bloch, co-fundador do Columbus Café, uma rede semelhante à da Starbucks. Mas ele se pergunta se a empresa pode suportar lucrativamente as regulamentações arcaicas da França e com seus benefícios trabalhistas generosos. Na Itália, o epicentro da cultura do café na Europa, a noção que os locais trocarão em massa seus próprios 200.000 bares pela Starbucks parece a muitos como absurda. Por uma razão: os bares de café italianos prosperam, servindo alimentos assim como café, uma área com a qual a Starbucks ainda luta. O café italiano também é mais barato que o tipo java dos Estados Unidos e, dizem os puristas italianos, muito melhor. Os americanos pagam aproximadamente US$ 1,50 por um expresso. No Norte da Itália, o preço é 67 centavos de dólar; no Sul, apenas 55 centavos. Schultz insiste que a Starbucks vai acabar indo para a Itália. A empresa terá muito para provar, quando isto acontecer. Carlo Petrini, fundador do movimento anti-globalização *Slow Food*, suspeita que as "substâncias da Stabucks servidas em isopor" não terão penetração. As xícaras são de papel, naturalmente. Mas o ceticismo é real.

Na medida em que a Starbucks se expandir, Schultz terá de ser mais sensível a esses desafios culturais. Em dezembro, por exemplo, ele viajou à Israel para reunir-se com o ministro do exterior Shimon Peres e outras autoridades israelenses para discutir a crise do Oriente Médio. Ele não divulgará a natureza de suas discussões. Porém, mais tarde, em uma sinagoga de Seattle, Schultz deixou que os palestinos soubessem. Com a Starbucks já dispondo de pontos de venda no Kuwait, Líbano, Omã, Qatar e Arábia Saudita, ele criou uma certa comoção entre os que apóiam os palestinos. Schultz rapidamente retrocedeu, dizendo que suas palavras foram tiradas do contexto e afirmando que ele é "a favor da paz" para ambos os lados.

Há muitos campos minados à frente. Até aqui, a empresa de café de Seattle colecionou recordes invejáveis de crescimento. Mas o vertiginoso alvoroço da expansão inicial está se esgotando. Agora, a Starbucks está acordando para os grandes desafios enfrentados por qualquer corporação, que queira se tornar uma potência global.

MANHÃ DE SEGUNDA-FEIRA

- **O PROBLEMA**
  Encontrar maneiras novas de expandir o negócio rapidamente e manter a fenomenal taxa de crescimento da empresa.

- **A SOLUÇÃO**
  Criar uma reserva de caixa e utilizá-la para financiar uma expansão internacional agressiva.

  Tentar impulsionar as vendas pela diversificação. Abrir filiais e oferecer produtos e serviços novos, além de vender produtos consolidados em outros pontos de varejo.

  Fazer do serviço mais rápido uma prioridade. Acelerar o tempo das transações, investindo em tecnologias novas e em outras inovações.

  SUSTENTANDO O SUCESSO
  Tomar medidas pró-ativas, de modo que a empresa seja vista nos próximos anos como um jogador global responsável, não como um explorador.

GRUPO OTTO: A POTÊNCIA MODESTA

10

JOGADOR
O varejista alemão é uma potência mundial em vendas on-line, mas nem por isso está tocando quaisquer *Flügelhorns*. Uma visão fascinante da proposta modesta, frugal e sem maiores pretensões de sucesso global de Michael Otto.

Esta matéria, de junho de 2006, foi reportagem de Jack Ewing.

PLANO DE AULA

Tornar-se um adepto prematuro de novas tecnologias, mas permanecer fiel ao núcleo da missão da empresa.

Adotar uma visão de longo prazo e investir o tempo e os recursos necessários para construir um negócio duradouro. Resistir ao enriquecimento rápido.

Minimizar riscos financeiros pela expansão, mediante a aquisição de *holdings* estrangeiras que equilibrem o *portfolio*.

ESTRATÉGIA DE CANAIS MÚLTIPLOS

Mesmo na Alemanha, não são muitas as pessoas que sabem que o Grupo Otto, varejista de Hamburgo, apenas perde para a Amazon.com Inc. no negócio mundial de comércio eletrônico *business-to-consumer*. De qualquer modo, o diretor geral Michael Otto nunca foi de fazer autopromoção. O filho bilionário do fundador da empresa raramente concede entrevistas e recua diante da idéia de abrir o capital de US$ 18,5 bilhões da empresa familiar. Otto, cuja fortuna da família foi estimada em mais de US$ 10 bilhões e que é proprietário de imóveis valiosos, como a torre de escritórios de 47 andares na Avenida das Américas, nº 1177, em Nova York, é o homem mais rico da Alemanha. Entretanto, ele não assume o papel de magnata. Reservado e pé-no-chão, ele freqüentemente relaxa, disputando uma partida de vôlei com os empregados da Otto.

Na Alemanha, o estilo de Otto seria chamado de *bescheiden*, cuja tradução pode ser modesto, frugal ou despretensioso. Essas qualidades, sem dúvida, ajudaram Otto a não ceder à ganância da era *dot.com*. Ao invés de fazer retiradas, ele continuou e desenvolveu um modelo de negócio que fez de sua empresa um verdadeira potência na internet, com vendas on-line de US$ 3,8 bilhões no ano passado. Otto tem realizado viagens de reconhecimento aos Estados Unidos, para visitar empresas de alta tecnologia, desde a década de 1980, e bem cedo ele descobriu como aproveitar a internet a serviço do tradicional negócio alemão de vendas a varejo por reembolso postal.

> **GRANDE JOGADA**
> Não sucumbir à ganância dot.com durante a febre da internet.

A assim chamada estratégia de canais múltiplos ajudou a empresa a suportar um declínio prolongado nos gastos alemães e alguns erros de cálculo na administração do negócio nos Estados Unidos. Otto foi forçado a desistir do controle da Spiegel Inc., a casa de reembolso postal, e Eddie Bauer, a unidade de roupas esportivas; ambas tiveram sérios problemas em 2003. Porém, ele mais que compensou esses tropeços com o controle do capital da Crate & Barrel, varejista de mobiliário residencial, onde o *e-commerce* ajudou as vendas a triplicarem desde 1998, chegando a US$ 1,2 bilhão. Incluindo outras participações majoritárias como na financeira francesa, Cofidis, e na empresa japonesa de varejo por catálogo, Otto Sumisho, as vendas on-line do Grupo Otto cresceram 30% no ano fiscal encerrado em março e atualmente responde por cerca de 20% das receitas totais de US4 18,5 bilhões. No ano passado, o grupo teve lucros de US$ 526 milhões, e Otto diz que esse número subirá no ano fiscal a ser encerrado em março.

GRUPO OTTO

A tentativa do Grupo Otto de preservar a tradição, ao mesmo tempo em que abraçava o moderno, reflete Otto, o homem. Apesar de visivelmente convencional, Otto, com 63 anos de idade, é um grande colecionador de arte de vanguarda. Ele assumiu o papel de persuadir os legisladores alemães a permitir que os artistas de Nova York Christo e Jeanne-Claude embrulhassem o Reichstag, o prédio do Parlamento em Berlim. "Em razão de suas ligações, as pessoas puderam tolerar a idéia de embrulhar o Reichstag", diz Christo.

> **GRANDE JOGADA**
> Manter as tradições, mesmo quando seguir tendências emergentes.

Otto fez gestões em prol do projeto ao longo de 17 anos, antes que ele se concretizasse em 1995. Ele é, com freqüência, igualmente paciente nos negócios. Otto recusa-se a abrir o capital de sua empresa, em parte porque ele pensa que o mercado encoraja um tipo de administração míope. "Nós não temos que inventar um boa história a cada trimestre para os investidores e para a imprensa", Otto explica em uma entrevista em seu escritório de Hamburgo, que é decorado com um desenho Christo.

Esse é um ponto de vista tipicamente alemão, e funcionou para Otto. A empresa foi fundada em 1949 pelo pai de Michael Otto, Werner, atualmente com 96 anos, um refugiado do território que hoje é parte da Polônia. Inicialmente, os Otto viviam na cidade de Hamburgo ainda arrasada pelo bombardeio da Segunda Guerra, espremidos em uma casa com outra família. Mas seu negócio, que começou com a venda de sapatos pelo reembolso postal, progrediu. Sem demora, os catálogos Otto, tão grossos como listas telefônicas, tornaram-se para os alemães aquilo que os catálogos Sears representavam para os americanos, especialmente em confecções, mas também com ofertas de uma variedade de eletrônicos, brinquedos, artigos esportivos, materiais de construção e pacotes de viagem. Quando Michael tornou-se CEO em 1981, ele levou a empresa para o exterior. Atualmente, Otto gera metade de suas receitas fora da Alemanha por meio de subsidiárias, como a Bonprix, que vende roupas e utensílios domésticos na Grã-Bretanha, Rússia, Polônia e em outros lugares.

> **GRANDE JOGADA**
> Perseguir agressivamente a expansão internacional, com a inclusão da compra da Crate & Barrel, empresa varejista dos Estados Unidos, além de imóvel em Manhattan, para impulsionar os lucros.

Na década de 1990, Otto pôde perceber que o *e-commerce* representaria um desafio para o varejo tradicional. Então, ele fez parte do teste de Orlando, hoje infamante, um projeto conduzido pela Time Warner Inc. A tentativa de meados dos anos de 1990 de oferecer *home shopping* aos habitantes de Orlando via televisão a cabo interativa fracassou por falhas técnicas, mas deu a Otto experiência valiosa. A empresa lançou seu primeiro catálogo on-line em 1995, que ela suplementava com uma versão em CD-ROM para compensar a baixa velocidade das conexões discadas da época. Por volta de 1988, o negócio on-line da Otto era lucrativo.

O CONHECIDO CORREIO

> **GRANDE JOGADA**
> Evitar abrir o capital, para se concentrar no crescimento do negócio sem dispersões.

A filosofia on-line da Otto diferencia-se marcantemente daquela da Amazon ou da eBay Inc. Essas varejistas eletrônicas aceitam apenas os pedidos que sejam feitos on-line. Otto admite que os consumidores façam os pedidos pela internet, mas recebam a fatura pelo correio e paguem-na por transferência bancária. Isto incentiva as compras eletrônicas pelos alemães, que não têm cartões de crédito. Para atrair compradores, o site permite que as mulheres criem imagens de si próprias, para experimentar virtualmente combinações de roupas. Para manter as idéias circulando, os gerentes de tecnologia da informação de todo o mundo encontram-se pelo menos duas vezes ao ano, para compartilhar suas melhores práticas, a exemplo do sucesso da unidade japonesa com clientes que fazem seus pedidos via telefone celular.

Dentro do grupo, a Crate & Barrel com sede em Chicago tornou-se modelo de integração de lojas, catálogos e internet. O sortimento de produtos nas lojas, on-line e nos catálogos é quase idêntico, como parte da estratégia da empresa de liminar distinções entre os diferentes canais de venda. Os itens comprados on-line podem ser devolvidos nas lojas e um escritório de apoio assim como um sistema de entrega atende todos os consumidores. Aproximadamente um quarto das vendas anuais da Crate & Barrel, que chega a US$ 1,2 bilhões, atualmente vem via internet. "Otto realmente apoio e incentivou esse esforço", diz Gordon Segal, fundador e CEO da Crate & Barrel, que espera expandir para o Canadá e Europa.

> **GRANDE JOGADA**
> Empregar uma "estratégia de múltiplos canais de venda", pelos quais os clientes podem comprar on-line, para a seguir receber a fatura pelo correio.

Apesar do sucesso da aquisição da Crate & Barrel, Otto teve seu quinhão de contratempos nos Estados Unidos. A Spiegel pediu concordata em 2003 depois de ter concedido muitos créditos duvidosos. A Spiegel sobreviveu, mas Otto foi forçado a transferir a empresa, assim como a unidade Eddie Bauer do grupo aos credores. O caso também provocou a realização de auditoria pela Securities & Exchange Comission – SEC, que suspendeu a venda de ações da Spiegel depois de ter decidido que a empresa ocultava sua situação financeira dos investidores. A SEC continua a investigar o caso e pode impor uma multa, segundo o porta-voz da empresa. O porta-voz da SEC, invocando a política da agência, recusou-se a fazer comentários.

Para Michael Otto, o caso da Spiegel foi um remédio amargo. Porém, sua preocupação atual é a concorrência acirrada de empresas como a eBay. Para destacar-se, Otto pretende oferecer serviços melhores e confiabilidade. Isso incluiu atendimento telefônico local, um número de discagem rápida para ajuda pelo telefone celular (6886 ou OTTO) e serviço próprio de entrega de encomendas. "É extremamente difícil para os concorrentes replicar essas medidas e reduzir a fatia de mercado da Otto", diz Dan Bieler, analista em Colônia da empresa de pesquisa de mercado Ovum Ltd. Uma outra coisa boa da qual se gabar.

> **GRANDE JOGADA**
>
> Compartilhar as melhores práticas trocando idéias entre os gerentes de tecnologia da informação em reuniões que acontecem, no mínimo, duas vezes ao ano.

MANHÃ DE SEGUNDA-FEIRA

O PROBLEMA
Transformar a empresa em líder de vendas a varejo, tanto on-line como off-line.

Capitalizar com as tecnologias e tendências novas para aumentar o negócio.

A SOLUÇÃO
Permanecer na vanguarda, investigando novas tecnologias e tendo disposição para experimentar.

Não abandonar o modelo de negócio que tem funcionado. Usar a internet como mais um canal de venda, em vez de com substituto dos pré-existentes.

SUSTENTANDO O SUCESSO
Vencer a concorrência acirrada de outros *e-taliers*, com eBay, oferecendo serviços superiores e confiabilidade.

TOSHIBA: MANTENDO AS INOVAÇÕES FORA DO ALCANCE DOS RIVAIS

JOGADOR

A Toshiba quer manter as tecnologias estratégicas em casa, em vez de compartilhá-las com pessoas de fora, como se fazia tradicionalmente. Inovações selecionadas deverão permanecer como propriedade exclusiva da Toshiba.

Esta matéria, de dezembro de 2005, foi reportagem de Kenji Hall e Peter Burrows.

PLANO DE AULA

Rejeitar a ética de abertura da indústria de alta tecnologia e zelar pela tecnologia protegida pelo direito de propriedade intelectual para evitar que terceiros dela se apropriem.

Ser duro com concorrentes que tentem violar patentes, ajuizando ações judiciais quando necessário.

Aumentar margens, cobrando preços mais altos dos consumidores por produtos que tenham incorporado tecnologia inovadora.

JUNTO AO COLETE

Atualmente, há um silêncio sinistro nos elevadores do prédio-sede de 36 andares da Toshiba Corp. em Tóquio. Um cartaz colado às portas de cada cabine diz "silêncio, por favor", e o empregados sussurram ou mantêm-se calados enquanto vão de uma andar para outro. Por que a proibição de conversas? A Toshiba quer ter certeza de que estranhos não ouçam quaisquer segredos.

Isso se encaixa na campanha iniciada pelo novo CEO Atsutoshi Nishida para manter as tecnologias estratégicas junto ao colete. Como executivo da Toshiba há duas décadas, Nishida assistiu a inovações promissoras tornarem-se *commodities*, na medida em que a empresa licenciava para concorrentes circuitos integrados de memória, discos rígidos e outras idéias inovadoras. Sem o negócio estável, porém de crescimento lento, de geradores de energia e infra-estrutura, a Toshiba poderia já ter visto seus dias finais. "Agora é tempo de nós pensarmos sobre nossa sobrevivência", diz Nishida.

Desta forma, seis meses após ter assumido a direção da Toshiba, Nishida está esperando encerrar o ciclo vicioso da mercantilização das tecnologias, que ajudam o conglomerado a distinguir seus produtos dos oferecidos pelos concorrentes. A estratégia não será aplicada a tudo, mas significará que inovações selecionadas, tais como a nova geração de *chips* de memória, *hard drives* e baterias, que foram desenvolvidos em casa, permaneçam em casa. A Toshiba tem um recado para todos que ousem apropriar-se de suas patentes sem permissão: vejo-o no tribunal.

> **GRANDE JOGADA**
> Proteger sua propriedade intelectual, recusando-se a licenciar o uso de tecnologia, com a expectativa de cercear roubos baratos.

Esse pensamento está em evidente contraste com a maneira como o resto da indústria de alta tecnologia opera atualmente. A maioria das empresas tenta persuadir as outras a adotarem suas tecnologias, para, então, colher os benefícios de suas inovações por meio da taxa de licenciamento. Ao mesmo tempo em que Nishida acredita em alguns padrões de abertura que contribuam para a disseminação de novos produtos, o modelo de divisão de riqueza freqüentemente reduz as margens a zero, na medida em que hordas de fabricantes com baixos custos na China, Taiwan e em outras partes do mundo aproveitam da oportunidade. De fato, a Toshiba beneficiou-se desse sistema, ganhando *royalties* decentes com suas tecnologias de DVD e memória *flash* ao longo da última década. Porém, esses contratos de licenciamento não asseguraram lucratividade. Os anos de pico para o pagamento dos *royalties* pelo licenciamento da tecnologia de DVDs coincidiram com o período de vacas magras da empresa. Assim, Nishida diz que a Toyota fará muito melhor agora, mantendo suas inovações mais inteligentes para si e cobrando mais por seus próprios produtos, quando estes incorporarem tais inovações.

Há uns poucos anos, a Toshiba estava tão preocupada com colocar a casa em ordem que nem mesmo considerou essa estratégia. Ela não atingiu suas metas de lucro em quatro dos cinco últimos anos, estimulando a demissão voluntária de 20.000 empregados – 11% de sua força de trabalho. Atualmente, contudo, as ótimas vendas de semicondutores e de eletrônicos fizeram com que o Goldman Sachs Japan Ltd. previsse lucros para a Toshiba de US$ 762 milhões – 66% melhor do que a empresa estima – sobre vendas de US$ 51 bilhões. No próximo ano, o Goldman tem a expectativa de que os ganhos da empresa saltem mais 30%.

Muitas das inovações da Toshiba serão praticamente imperceptíveis para os consumidores. Os engenheiros de pesquisa da empresa, por exemplo, estão trabalhando em *chips* de memória *flash* menores, mais densos e capazes de consumir menos energia, que devem chegar ao mercado no próximo ano. No passado, a Toshiba teria vendido essa tecnologia a outros fabricantes de circuitos integrados. Porém, desta vez, Nishida diz que a Toshiba produzirá ela própria os novos *chips* – apesar de que eles provavelmente acabarão em aparelhos fabricados por outras empresas. Do mesmo modo, Nishida afirma que a Toshiba será a única fabricante de *hard drives* com uma tecnologia que pode aumentar sua capacidade em até um terço, e de uma nova espécie de bateria para carros híbridos, a gasolina e elétricos, que podem ser recarregadas em apenas um minuto ou coisa assim.

> **GRANDE JOGADA**
>
> Introduzir inovações em detalhes práticos de sua tecnologia – tais como circuitos integrados de memória *flash* menores, de menor consumo de energia e baterias novas, facilmente recarregáveis, para carros híbridos.

PROCESSOS JUDICIAIS

Outras inovações da Toshiba serão reconhecíveis imediatamente. Em 2007, a empresa espera colocar no mercado telefones celulares da marca Toshiba, *music players* e outros *gadgets* alimentados por células de combustível recarregáveis, que convertem metanol líquido em eletricidade. Também em 2007 – em tempo para os Jogos Olímpicos de Pequim – a Toshiba espera inaugurar uma fábrica de US$ 1,8 bilhões para produzir televisores de tela plana de alta definição, utilizando uma tecnologia que ela desenvolveu em conjunto com a Canon Inc., que consome menos energia e oferece imagens mais nítidas.

A Toshiba está dando retaguarda à sua estratégia com ação. Em 29 de setembro, levou sua longa disputa com a Hynix Semiconductor Inc. da Coréia

NEGÓCIOS GLOBAIS

> **GRANDE JOGADA**
>
> Reforçar sua nova campanha de sigilo, colocando cartazes nas portas para relembrar os empregados de que devem manter-se calados, assim como recomendando aos funcionários que não fiquem a tagarelar nos elevadores.

> **GRANDE JOGADA**
>
> Assegurar crescimento de longo prazo pela expansão em dois dos maiores mercados em desenvolvimento, China e Índia.

para a Comissão Internacional do Comércio nos Estados Unidos, em Washington. A Toshiba afirma que a Hynix deve-lhe a maior parte dos pagamentos de *royalties* relativos a chips de memória *flash*, inventados pela Toshiba – mas a Hynix alega que é a Toshiba que lhe deve dinheiro. Uma razão importante para a ação em outro patamar: os *chips* são o setor da indústria de semicondutores de crescimento mais rápido. A Toshiba está gastando US$ 1,9 bilhões neste ano para triplicar a produção dos *chips* de memória *flash* por volta do próximo mês de março, e a empresa não quer que outros se beneficiem de suas pesquisas. "A Toshiba processará, cada vez com mais freqüência, seus concorrentes em casos de direitos relativos ao registro de patentes, que não possam ser resolvidos por acordo", diz Taisuke Kato, que dirige a divisão de propriedade intelectual da Toshiba.

Esta é uma estratégia do tipo *hardball* para uma empresa que tem sido indulgente acerca de seus ativos mais valiosos. E ela pode ser eficaz, mesmo quando segredos são colhidos nos elevadores.

MANHÃ DE SEGUNDA-FEIRA

O PROBLEMA
Aumentar os lucros em uma empresa que tem sido vítima de vendas declinantes e concorrência intensa.

A SOLUÇÃO
Desenvolver tecnologias de ponta que aprimorem o funcionamento de produtos.

Tratar as novas tecnologias como uma propriedade valiosa. Cobrar mais por elas e não licenciá-las para empresas concorrentes.

SUSTENTANDO O SUCESSO
Ter disposição para celebrar parcerias, com o objetivo de entrar em mercados emergentes, ao mesmo tempo em que mantém as salvaguardas para os ativos intelectuais.

FERDINAND K. PIËCH: APERTANDO O CONTROLE NA VW

JOGADOR
Piëch está maquinando um jogada maquiavélica para recolocar-se no centro da Volkswagen, talvez às custas do futuro da empresa? Ou este é o último ato de Piëch, uma aposta séria para restaurar a competitividade perdida da Volkswagen?

Esta matéria, de dezembro de 2006, foi reportagem de Gail Edmondson.

PLANO DE AULA

Estudar as melhores práticas da indústria. Simplificar as operações pelo emprego de estratégias de sucesso utilizadas pelos concorrentes.

Impulsionar a produtividade pela introdução de práticas de trabalho mais flexíveis e eficientes, de modo que a organização possa responder ao aumento da demanda em todo o mundo.

Estabelecer *benchmarks* rigorosos e incentivar os gerentes para que sejam financeiramente disciplinados, mesmo que isso signifique usar medidas extremas.

UM APERTO NA VW

Mesmo para a Vokswagen, uma empresa acostumada a intrigas gerenciais envolvendo grandes interesses e a dramas no conselho de administração, foi um mês selvagem. Em 7 de novembro, o CEO Bernhard Pischestsrieder deixou o cargo após um voto de desconfiança inesperado do conselho de administração da VW. No mesmo dia, começaram a circular rumores de que o diretor de marca da VW Wolfgang Bernhard, que esteve no centro dos esforços da montadora para reestruturar-se, logo seguiria os passos de Pischetsrieder para fora da empresa. Então, em 15 de novembro, a Porsche elevou sua participação na VW de 21 para 27%, alimentando a especulação de que a gigante dos automóveis poderia ser objeto de *take over* pela menor jogadora da indústria automotiva na Europa.

O homem por trás desses acontecimentos é o presidente da VW Ferdinand K. Piëch, um dos mais controvertidos e poderosos líderes no negócio de automóveis, rebento da legendária família Porsche, e um magnata por direito próprio, com um patrimônio líquido de aproximadamente US$ 7 bilhões. Pessoas de dentro da VW dizem que Piëch tramou a expulsão de Pischetsrieder para reafirmar seu controle sobre a VW e para acelerar mudanças. Piëch, como acionista controlador da Porsche, também instigou a iniciativa da fabricante de carros esportivos em relação à VW.

GRANDE JOGADA
Reduzir custos, mantendo os membros do *staff* em uma reunião até que eles cortassem US$ 1.500,00 em custos de um futuro modelo.

Um engenheiro brilhante, mas um gerente obstinado e irascível, Piëch, que se recusou a comentar essa história, já tem uma herança cheia de altos e baixos. Durante a carreira de 20 anos na Audi, ele foi pioneiro em tecnologias revolucionárias e criou carros de sucesso. Passando para a Volkswagen como CEO em 1993, ele trabalhou pela recuperação da empresa, mas também projetou demais os carros da VW, gastou bilhões na compra e adaptação de marcas de luxo e interpretou mal o mercado. No final da década de 1990, ele tropeçou gravemente, tentando levar a VW upmarket em um lance para desafiar a Mercedes-Benz. A VW até construiu uma fábrica de um bilhão de dólares para o projeto de estimação de Piëch, o luxuoso sedan Phaeton de US$ 70.000,00. O Phaeton nunca vendeu bem e, atualmente, aquela fábrica está operando ao nível desastroso de 10% de sua capacidade de produção, afirma um consultor.

A dor aguda desses maus passos pode estar levando Piëch a reafirmar seu controle na VW. Os executivos da indústria automobilística dizem que Piéch está determinado a igualar os legados enormes de seu avô. Ferdinand Porsche criou o VW Beatle e foi o fundador da Porsche, a montadora mais lucrativa do mundo. Como seu avô, Piëch é extremamente competitivo. Agora que a Toyota Motor Corp. é a indústria de referência, Piëch quer assegurar que a VW pode igualar-se à super-estrela japonesa. Diz um alto gerente alemão: "Piëch deseja ser reverenciado com uma legenda da indústria automobilística."

Pischetsrieder e Bernhard já fizeram progresso ao consertar o pior dos problemas da VW. Este último, que ingressou na empresa em 2005 depois de uma disputa gerencial na DaimlerChrysler, em que foi cotado para dirigir a Mercedes, foi grandemente elogiado por superar a abordagem complicada da VW na construção de carros. Um impiedoso redutor de custos, Bernhard, 46, tem uma técnica favorita: ele rotineiramente trancafia membros do *staff* em salas de reunião e recusa-se a abrir as portas até que eles tenham retirado US$ 1.500,00 em custos de um futuro modelo.

PERDENDO DINHEIRO

Entretanto, a VW tem um longo caminho a percorrer. A empresa está sobrecarregada pelas linhas de produção ineficientes e pelos mais altos salários do setor. Ela perde dinheiro em cada Golf ou Passat fabricado na Alemanha. "A VW ainda está com sérios problemas", afirma um consultor que trabalhou bem de perto com a VW.

> **GRANDE JOGADA**
> Reconhecer que uma relação muito próxima com os líderes trabalhistas levou aos mais altos salários do setor e reagir de acordo com essa constatação.

Será crítico para o sucesso de Piëch um esforço massivo para aumentar a produtividade. Muito da carga pesada recairá sobre Martin Winterkorn, recentemente indicado como dirigente da VW, sendo um confidente muito próximo de Piëch. Ex-diretor da unidade Audi da VW, Winterkorn substituiu Pischetsrieder, que trombou demais com o autocrático Piëch. Bernhard, segundo especulações gerais, deverá deixar a empresa, pois Piëch deixou-o de lado para a posição de CEO em favor de Winterkorn, mas pessoas de dentro da empresa dizem que Piëch e Winterkorn estão procurando persuadi-lo a ficar.

Piëch deverá reduzir gradualmente uma força de trabalho ainda inchada, fechar fábricas desnecessárias e introduzir o tipo de práticas flexíveis de trabalho que fazem das fábricas da Toyota a medida para produtividade. Além das 20.000 demissões voluntárias que Pischetsrieder negociou neste ano, a empresa precisa livrar-se de outras 20.000 pessoas da força de trabalho res-

> **GRANDE JOGADA**
> Evitar demissões em massa, ao reduzir as jornadas de trabalho.

tante de 80.000 empregados, diz Garel Rhys, professor de economia da indústria automobilística na Universidade de Cardiff, no País de Gales. A VW também tem de desenvolver processos que torne mais fácil a montagem dos carros. "Piëch tem de descascar esse abacaxi", diz Rhys.

Para fazer isto, Piëch tem de aprender com seus erros. Durante uma década à frente da VW, ele conduziu um processo de recuperação, introduzindo modelos pelos quais os consumidores ansiavam. Ele foi capaz de evitar demissões em massa, graças à redução das jornadas de trabalho a 28,8 horas por semana. Mas ele também levou em fogo brando os líderes sindicais para assegurar seu apoio em disputas de poder com outros membros do conselho de administração. E ele permitiu que os custos ficassem perigosamente fora de controle.

Os gerentes próximos da VW dizem que a obsessão de Piëch por marcar uma vitória antes de ele se despeça pode finalmente ajudá-lo a abandonar seus tapa-olhos de engenharia para voltar-se para a competitividade defasada da VW. "Piëch é muito inteligente. Ele sabe que a VW tem de melhorar sua estrutura de custos e ir atrás da Toyota", diz Ferdinand Dudenhoeffer. Diretor do Centro de Pesquisa Automotiva em Gelsenkirchen. Assim, é improvável que Piëch reverta o foco de Pieschetsrieder nos carros populares. O CEO Winterkorn planeja reagrupar as sete marcas da montadora em dois agrupamentos mais lógicos: uma divisão de mercado de massa para a VW, a marca tcheca Skoda e a espanho Seat, e um agrupamento *premium*, compreendendo Audi, Bentley, Lamborghini e Bugatti.

Uma coisa parece clara: Piëch não deverá usar o controle da Porsch por sua família para arquitetar a assunção do controle total da VW pela fabricante de

> **GRANDE JOGADA**
> Seguir o exemplo das marcas mais bem-sucedidas da indústria, enviando empregados para estudar como outras fábricas, mais eficientes, funcionam e para ser treinados pelos gerentes dessas fábricas.

carros de luxo no futuro próximo. Neste aspecto, o CEO da Porsche e membro do conselho de administração da VW, Wendelin Wiedeking, mostrar-se-á um jogador importante. Wiedeking resgatou a Porsche de uma quase falência no início da década de 1990. A fabricante de carros de luxo, com sede em Stuttgard, atualmente tem as margens mais altas da indústria automobilística, graças em parte à adoção por Wiedeking das técnicas de produção enxutas a Toyota. Para lidar com a complacência alemã na Porsche, Wiedeking enviou aviões lotados de gerentes e trabalhadores de chão de fábrica para as fábricas da Toyota e importou gerentes da Toyota para treinar os trabalhadores da Porsche em Stuttgart.

Wiederking está determinado assegurar-se de que o investimento da Porsche de mais de US$ 5,8 bilhões na VW tenha retorno. Em recentes reuniões do conselho de administraçõ, Wiedeking fustigado Pischetsrieder e Bernhard com perguntas detalhadas sobre os processos de produção da VW, procurando comparações para referenciá-los aos da Toyota.

Piëch e seu equipe poderão transformar a VW em uma Toyota alemã? Os 20% da VW no mercado europeu dão à empresa uma vantagem substancial, desde que ela produza mais eficientemente. A VW também tem uma fatia de 17,5% do mercado de automóveis da China, que se encontra em fase de rápido crescimento. "Se a VW pudesse reduzir seus custos", diz o professor de economia Rhys, "ela estaria começando a criar um fundo de guerra para igualar-se ou triunfar sobre a Toyota em todos os segmentos."

MANHÃ DE SEGUNDA-FEIRA

● O PROBLEMA

● Aumentar as margens de lucro da empresa, para que ela se torne uma líder do setor.

● A SOLUÇÃO
Ser dura com sindicatos, de modo a cortar trabalhadores desnecessários e reduzir salários estratosféricos.

Fazer a reengenharia dos processos de produção, modelando a instituição segundo as empresas-líderes de mercado.

Assegurar-se de que não haja vacas sagradas. Eliminar projetos de estimação que sejam grandes sorvedouros de dinheiro.

SUSTENTANDO O SUCESSO
Assegurar-se de que a troca da guarda seja rápida e suave, para que as lutas pelo poder não interfiram com os negócios da empresa.

TENDÊNCIAS:
O FUTURO DA TECNOLOGIA

Com os mercados afluentes amadurecendo, os próximos 1 bilhão de consumidores de tecnologia serão chineses, indianos, brasileiros, tailandeses ... Para chegar até eles, esse setor econômico terá de transformar-se profundamente.

Nos últimos meses, a província de Andhra Pradesh ao Sul da Índia foi o lugar de uma enviada de suicídios de fazendeiros. A seca e as sementes de má qualidade deixaram os fazendeiros pobres com safras arrasadas e sem meios para pagar suas dívidas. Muitos viram a ingestão de doses letais de pesticidas como sua única saída. As autoridades governamentais estimam o número de mortos desde maio em mais de 60.

Contra este triste pano de fundo, existe um vislumbre de esperança. Neelamma, uma mulher de 26 anos de idade, encontrou uma oportunidade como um novo tipo de empreendedora. Ele é uma das dezenas de fotógrafos itinerantes, que percorrem as ruas de suas comunidades rurais carregando pequenas mochilas cheias, com câmera digital, impressora e carregador solar de bateria. Como parte de uma experiência organizada pela Hewlett-Packard Co., Neelamma e seus colegas são capazes de dobrar suas rendas familiares, cobrando 70 centavos de dólar por foto de recém-nascidos, casamentos e outros momentos festivos da vida desses vilarejos.

Para que isso acontecesse, a HP teve que abandonar suas noções sobre como negócio de tecnologia funciona. Anand Tawker, o diretor da empresa para soluções em mercados emergentes na Índia e seus colegas debateram-se em torno de

> **GRANDE JOGADA**
>
> Entrar agressivamente em economias emergentes em todos os cantos do mundo, pois a demanda por PCs diminui em países industrializados.

questões fundamentais: a informática tem lugar em vilarejos onde o fornecimento de energia elétrica é intermitente? A informática pode melhor a vida das pessoas? Como os habitantes dessas localidades poderiam pagar pelas últimas maravilhas digitais? E eles chegaram às respostas. Em lugar da eletricidade convencional, os projetistas da HP criaram um carregador solar portátil. Ao invés de vender o equipamento de uma vez, a HP aluga-o aos fotógrafos por US$ 9,00 por mês. "Nós perguntamos às pessoas de que elas necessitavam. Uma coisa apareceu sistematicamente: queremos mais dinheiros no bolso", diz Tawker. Assim, nós fazemos experiências. Nós lançamos e aprendemos."

Por que dar-se a todo esse trabalho? A resposta está se tornando óbvia rapidamente. Durante os primeiros 50 anos da era da tecnologia da informação, cerca de 1 bilhão de pessoas passaram a utilizar computadores, a vasta maioria delas na América do Norte, Europa Ocidental e Japão. Mas esses mercados estão ficando maduros. As vendas da indústria de computadores nos Estados Unidos devem crescer apenas 6% ao ano de agora até 2008, segundo a agência de pesquisa de mercado IDC. Para continuar a prosperar, a indústria precisa atingir os próximos 1 bilhão de consumidores. Muitas dessas pessoas não virão dos lugares habituais, mas de paragens distantes como Shangai, Cidade do Cabo e Andhra Pradesh. "As oportunidades de crescimento robusto estão claramente mudando para os países em desenvolvimento", diz Paul A. Laudicina, diretor administrativo da consultoria de administração A.T. Kearney Inc.

As empresas de tecnologia estão se engalfinhando para lucrar com o que elas esperam venha a ser a nova onde de crescimento. Liderados pela China, Índia, Rússia e Brasil, os mercados emergentes devem ter um crescimento de vendas de 11% ao ano na próxima meia década, chegando a US$ 230 bilhões, segundo o IDC. O que torna esses mercados tão atrativos não são apenas os pobres, mas também o crescente número de consumidores de classe média. Eles já são 60 milhões na China e 200 milhões na Índia, e seus números estão aumentando rapidamente. Esses consumidores novos-ricos estão revelando seu gosto por marcas da moda e por produtos tão potentes quanto aqueles disponíveis para os americanos, japoneses e alemães.

Essa oportunidade torturante está extraindo tudo das grandes jogadoras em tecnologia da informação. A Microsoft está apregoando software na Malásia, a Intel está promovendo seus *chips* na Índia, a Cisco Systems está no Sri Lanka e assim por diante. A IBM afirma que os mercados emergentes são, no momento, a prioridade máxima. "Nós seremos ainda mais agressivos," diz CEO da IBM, Samuel J. Palmisano. No Brasil, onde as receitas da IBM simplesmente passaram zunindo US$ 1 bilhão, a Big Blue planeja contratar 2.000 pessoas e gastar US$ 100 milhões adicionais em desenvolvimento de mercado.

UM CONCORRENTE EM CADA PORTO

Para os gigantes da tecnologia, isto é o equivalente aos astros do basquete americano jogando pela Argentina nos Jogos Olímpicos segundo as regras internacionais. Os líderes são simplesmente tão vulneráveis, porque eles estão enfrentando empresas que cresceram nesses mercados e os conhecem intimamente. Veja a China, onde a Lenovo Group

> **GRANDE JOGADA**
> Ter em mira os consumidores de classe média, cujos números crescem rapidamente e que têm anseio por bens de consumo.

Ltd., que cresceu em casa, rechaçou a Dell e outros invasores para permanecer no primeiro lugar do jogo em PC. As potências ocidentais podem estar acostumadas a dominar no mundo desenvolvido, mas, enquanto a competição muda para terreno novo, seu controle sobre o futuro está longe de ser seguro. Elas enfrentam desafios duros de empresas de prestação de serviço na Índia, jogos on-line na Coréia, equipamentos de segurança na Europa do Leste e fabricantes de equipamentos de rede na China. Mesmo a poderosa Microsoft está vulnerável. O *open-source software*, que conta com apoio crescente nos países em desenvolvimento, pode tolher seu crescimento.

O precedente histórico mais próximo do que está acontecendo neste momento é a revolução do PC no final da década de 1970 e começo da de 1980. Antes do PC, os computadores eram o território de druidas técnicos em corporações gigantescas e agências governamentais. Então, com a chegada do Macintosh da Apple Computer Inc. e do PC da IBM, a indústria da tecnologia da informação passou por uma enorme expansão de mercado. Os computadores começar a aparecer nas mesas de todo mundo, de escolares a pequenos empresários. O resultado foi uma mudança fenomenal. A Microsoft, a Intel e a Dell tornaram-se as novas campeãs, enquanto os dinossauros, como a Digital Equipment, arrastaram-se para o buraco. Agora, com a rápida difusão da tecnologia em economias emergentes, a indústria está novamente atingindo uma nova audiência gigante. E uma nova geração de empresas tentará derrubar suas antecessoras.

Espera-se uma mudança de poder do Ocidente para o Oriente. Isto porque a era da centralidade dos computadores pessoais, dominados pelas empresas dos Estados Unidos, está rapidamente dando lugar à era do *wireless*. A tendência é mais aparente na Ásia, onde os telefones celulares com acesso à internet são o *computing gizmo* da vez. Os 30 milhões de PCs que lá se esperam vender neste ano perdem a expressão, quando comparados com os 200 milhões de telefones celulares capazes de transmitir e receber e-mails e de navegar na internet, cujas vendas são projetadas pela agência de pesquisas Yankee Group. Isto dá uma vantagem para o Grupo Samsung e para a LG da Coréia, que fabricam tanto telefones celulares como PCs. Nos último quatro anos, elas vieram do nada para ocuparem, respectivamente, a terceira e a sexta posições dentre os fabricantes de telefones móveis do mundo. No século XX, a tocha atravessou o Atlântico, da Europa para os Estados Unidos. Agora, a tocha está cruzando o Pacífico", diz Geoffrey A. Moore, diretor administrativo da consultoria em tecnologia TCG Advisor LLC.

> **GRANDE JOGADA**
> O pioneirismo em maneiras novas de fazer negócio para superar novos concorrentes nos mercados emergentes.

Os desafios para vencer nos mercados emergentes estão forçando as potências ocidentais a descobrir estratégias ousadas. Elas estão sob pressão para inovar como loucas, assumir o pioneirismo em maneiras novas de fazer negócio e superar suas concorrentes novas. "O padrão no passado era vender o mesmo produto para o mesmo tipo de consumidores. Mas isto não funcionará e tem de mudar", diz C. K. Prahalad, professor de administração na Faculdade de Administração da Universidade de Michigan e autor de *The Fortune at the Bottom of the Pyramid*, um livro sobre o comércio nos países em desenvolvimento. "Exige-se uma revisão fundamental de como projetar produtos e fazer dinheiro."

O resultado é uma enxurrada de inovações, tanto da velha guarda como dos recém-chegados, que podem rivalizar com as da era do PC. A estrutura do negócio dos fotógrafos na Índia é apenas o começo. As inovações projetadas para os países em desenvolvimento vão do Simputer, um *haldheld* resistente que está sendo vendido na Índia, ao *e-Town*, um pacote de todos os produtos e serviços que as pequenas cidades rurais chinesas precisam, para oferecer acesso à internet a seus habitantes. E quem teria pensado em um telefone celular projetado para os 1,4 bilhão de muçulmanos no mundo? Ninguém – até agora. A pequena Ilkone Mobile Telecommunication, com sede em Dubai, acaba de começar a vender um telefone que não apenas vem carregado com o Alcorão mas também alerta as pessoas das horas de oração e com a ajuda de uma bússola, indica-lhes a direção de Meca.

Os países em desenvolvimento exigem estratégias novas de negócio, assim como produtos novos. A maioria das famílias nas regiões rurais da China ou da Índia não podem pagar por um PC. Em muitas situações, uma meia dúzia de computadores tem de ser compartilhada por um vilarejo inteiro para ser economicamente viável. Uma nova classe de negócios – operadores de quiosques tecnológicos – está surgindo para oferecer computação como um serviço. Com capital sempre escasso, programas do gênero "pague à medida que você avança" não só estão impulsionando o uso de telefones celulares para também estão alcançando os computadores e o acesso à internet.

Quando estas tecnologias fizerem o ciclo de volta para os mercados maduros, elas podem mudar tudo, dos preços ao projeto do produto. Para ter sucesso no mundo em desenvolvimento, os equipamentos e os software têm de ser melhores de diversas maneiras – mais baratos, mais fáceis de usar, com durabilidade extra, mais compactos – e ainda repletos de potentes recursos. Os aprimoramentos resultantes beneficiarão, em última instância, tudo mundo, de Nova Delhi a Nova York. Uma possibilidade: a HP está testando um tecido solar com os fotógrafos itinerantes na África do Sul, que custa 80% menos que os tradicionais painéis solares, que são usados na Índia, além de não rachar. Se este tecido der certo, as pessoas ao redor do mundo poderão recarregar seus equipamentos eletrônicos portáteis, colocando-os em estojos de transporte feitos deste material.

CRIANDO CONSUMIDORES

Para as potências em tecnologia, esta mudança para mercados emergentes é uma faca de dois gumes. Elas têm a oportunidade de arrebanhar muitos consumidores novos, mas apenas se forem mais inteligentes que suas concorrentes. Elas terão de fazer investimentos substanciais de início. Entretanto, para muitos produtos, os preços terão de ser muito baixos. Enquanto o primeiro bilhão de consumidores gerou uma indústria com mais de US$ 1 trilhão de receitas anuais, as vendas para o segundo bilhão não chegarão perto disto. Em última instância, os preços mais baixos nos mercados emergentes farão pressão sobre os preços em toda parte. Pode-se terminar com uma indústria que, ao mesmo tempo em que oferece um bocado de valor para muitas pessoas, não será capaz de sustentar as taxas de crescimento de sua receita ou as margens de lucro de seu passado glorioso.

GRANDE JOGADA

Repensar como projetar produtos e fazer negócios, desenvolvendo *handhelds* mais resistentes, mais baratos e mais simples e criando equipamentos técnicos que sejam alugados ou compartilhados.

Do ponto de vista mais positivo, a disseminação de tecnologia nos mercados emergentes pode ter um efeito de bola de neve para a economia mundial e para a sorte da indústria de tecnologia. Investimentos em tecnologia fomentam economias nacionais, impulsionando a produtividade, o produto interno bruto e o consumo de todos os gêneros de produtos, incluindo mais tecnologia. Na medida em que os trabalhadores das fábricas de computadores da China e os programadores da Índia aumentam seus rendimentos, eles tornam-se consumidores. A. T. Kearney estima que o número de pessoas com renda anual equivalente a US$ 10.000,00 vai dobrar, chegando a 2 bilhões por volta de 2015 – e 900 milhões desses recém-chegados à classe de consumidores estarão nos mercados emergentes. "Se você tem uma classe média que se constitui em um mercado suficiente para bens de consumo, você tem a base para uma rápida expansão industrial e de empregos para pessoas pobres", diz Sarbuland Khan, chefe da força-tarefa para tecnologia da informação na Organização das Nações Unidas. "Ela se torna um ciclo virtuoso no lugar de um ciclo vicioso."

REVISÃO ESTRATÉGICA

Cintia Arantes e Eduardo Severino de Santana são a personificação dessa esperança. Esses brasileiros, ambos com 22 anos, cresceram na parte pobre de Recife, no litoral do Nordeste do país. Ambos, porém, estão subindo na escala social graças ao programa local que dá treinamento em computação a jovens brasileiros em situação de desvantagem social. Eduardo, que estava desempregado no ano passado, rapidamente transformou um curso de computação em um emprego, passando a ajudar na manutenção dos equipamentos de informática de um escritório de advocacia.

A trajetória de Cintia pode levá-la ainda mais alto. Seu pai trabalhador não tem um emprego fixo, então ela ajuda a manter a família de seis pessoas, trabalhando às noites no *call center* de uma empresa telefônica. Graças à sugestão de um professor da escola, onde ela era assistente administrativa, ela passou a fazer cursos de computação no ano passado. Agora, ela faz estágio em uma empresa local de software durante as manhãs, freqüenta os cursos à tarde e tem esperanças de entrar na faculdade de engenharia da computação no próximo ano. Sua meta: tornar-se uma programadora. "Continuarei a batalhar até que eu chegue lá", ela promete. Neste ínterim, ela está tentando economizar aproximadamente US$ 700,00 para comprar um PC.

GRANDE JOGADA

Superar diferenças culturais e étnicas, enviando um grupo de etnógrafos para entender melhor o que os consumidores da Ásia querem e precisam da nova tecnologia.

Em muitos casos, as empresas de tecnologia terão sucesso nos mercados emergentes somente se tiverem a disposição para abandonar as estratégias que as fizeram bem-sucedidas no mundo desenvolvido. Tome como exemplo a Dell. Em 2000, ela introduziu na China um PC para o consumidor comum, chamado SmartPC, que era diferente de qualquer equipamento que a empresa havia vendido antes. Ele vinha pré-configurado, ao invés de ser montado mediante pedido, e não era fabricado pela Dell, mas por empresas de Taiwan. Com preço menor que US$ 600,00, o SmartPC ajudou a Dell a tornar-se a maior fornecedora estrangeira na China. Sua fatia do mercado de PC na China passou de menos de 1% em 1998 para 7,4% atualmente.

Entretanto, a Dell não é tem a mesma força na China que nos Estados Unidos. Uma razão essencial é que a prática da Dell de vender diretamente ao consumidor, pela internet ou por telefone, não funciona muito bem no Reino do Meio. O chinês médio quer colocar as mãos no computador antes de comprá-lo. Isto significa que o melhor meio de atingi-lo é via grandes operações de varejo – justamente a força dos jogadores locais, Lenovo e Founder Eletronics, ambos à frente da Dell, com fatias de mercado de 25,7 e11,3%, respectivamente, segundo o IDC. A Dell montou quiosques para demonstrar seu SmartPC e outros produtos. Porém, em agosto, ela se retirou do mercado de computadores baratos da China, diante do fato de haver concorrentes vendendo PCs desprovidos de recursos por até US$ 362,00. "No mercado que mais cresce no mundo, os fabricantes locais de PC estão ganhando", diz Philippe de Marcillac, vice-presidente sênior do IDC.

CUSTOMIZAÇÃO CULTURAL

Não há uma fórmula simples para vender nos mercados emergentes. Alguns clientes corporativos ou governamentais na Rússia e no Brasil são tão grandes quanto qualquer um de seus semelhantes nos Estados Unidos, e suas necessidades são igualmente sofisticadas. A Companhia de Estradas de Ferro da Rússia, com 1,2 milhão de empregados, gastou US$ 2 bilhões nos últimos três anos, desenvolvendo um sistema de transmissão de dados moderno. "Estamos muito orgulhosos", diz Anna Belova, vice-ministra de estradas de ferro. "Nós temos uma escala grande de tarefas e encontramos soluções criativas." Agora outras grandes empresas da Rússia encaram a companhia ferroviária como modelo e também estão reforçando suas compras de tecnologia da informação.

As empresas precisam inovar para lidar com as peculiaridades dos mercados emergentes. Considerando que o fornecimento de energia elétrica freqüentemente é indisponível ou não é confiável, a Hewlett-Packard projetou um pequeno painel solar que carregar impressoras digitais.

Para focar em inovações que terão repercussão nesses mercados, as empresas estão realizando estudos profundos das necessidades das pessoas. A Intel, por exemplo, tem uma equipe de 10 etnógrafos viajando o mundo, para descobrir como projetar de novo os produtos existentes ou chegar a novos produtos que se encaixem às diferentes culturas ou grupos demográficos. Um de seus etnógrafos, Geneviève Bell, visitou 100 casas na Ásia ao longo dos últimos três anos e observou que, mesmo que pudessem pagar por PCs, muitas famílias chinesas relutavam em comprá-los. Os pais estavam preocupados que seus filhos ouvissem música pop ou navegação pela internet, distraindo-se de seus deveres de casa.

A Intel transformou aquela percepção em um produto. Em seu *User-Centered Design Group* em Hillsboro, Oregon, os projetistas industriais e outros especialistas criaram "personas" de famílias chinesas típicas e colaram em suas paredes fotografias que Bell havia tirado dos lares chineses. Eles inclusive construíram maquetes de cozinhas chinesas – a peça onde o computador é utilizado com mais freqüência. O resultado: no final deste ano, a Intel tem a expectativa de que um destacado fabricante chinês de PCs comece a vender o *China Home Learning PC*. Ele vem com quatro aplicativos educacionais e uma fechadura com chave, que permitirá que os pais impeçam seus filhos de ficar brincando quando deveriam estar estudando.

Muitos produtos projetados para consumidores e pequenas empresas de mercados emergentes terão de atender algumas especificações bastante exigentes: eles devem ser de utilização simples e devem ser capazes de operar em ambientes rústicos. Um punhado de produtos já saíram com esses fatores em mente – e muitos mais estão a caminho. A TVS Eletronics Ltd. da Índia, por exemplo, está vendendo um novo tipo de máquina multifuncional, chamada Sprint e projetada especialmente para os 1,2 milhões de pequenos lojistas daquele país. Essa máquina é, em parte, uma registradora e, em parte, um computador, projetada para suportar calor, poeira e interrupções no fornecimento de energia elétrica. O custo: apenas US$ 180,00 para o menor dos três modelos.

O preço é freqüentemente um fator decisivo. Nas zonas rurais da África do Sul, onde a HP lançou um programa piloto similar àquele da Índia para desenvolver tecnologias para pessoas pobres, a renda média de cada pessoa é menor que US$ 1,00 por dia. Obviamente, não são muitos aqueles que podem comprar seu próprio computador pessoal. A solução da HP? O 441 PC (quatro usuários para um PC). É uma máquina instalada em uma escola ou biblioteca, que se conecta a quatro teclados e quatro monitores, de modo que várias pessoas podem ter acesso à internet ou podem enviar e-mails ao mesmo tempo.

Algumas das melhores idéias para o mundo em desenvolvimento têm potencial para dar certo em qualquer lugar – incluindo os Estados Unidos. Isto já está começando a acontecer. Kishore Kumar desenvolveu, primeiramente, um sistema simples de monitoramento de saúde, baseado em um PC, para os vilarejos distantes em sua Índia natal. Atualmente, sua empresa, TeleVital

Inc. de Milpitas, Califórnia, está vendendo a tecnologia nos Estados Unidos. O primeiro cliente dos Estados Unidos, o Battle Mountain General-Hospital da cidade de Battle Mountain, no Estado de Nevada, não podia pagar por equipamento de monitoramento individual de pacientes – nem pessoas para operá-lo. Atualmente, ele está se ligando a um hospital a 100 milhas para monitorar seus pacientes. Peggy Lindsey, administradora do Battle Mountain, diz que "nós, das áreas rurais dos Estados Unidos, realmente podemos fazer bom uso de equipamentos como este."

Quando empresas de tecnologia modificam seus produtos existentes para atender mercados emergentes, elas podem terminar com aprimoramentos que tenham um impacto mais abrangente. Isto foi o que aconteceu na Nokia Corp., quando ela começou com a intenção de reduzir os custos de montar e operar redes de telefonia *wireless*. Uma melhoria, a tecnologia Smart Radio, pode reduzir à metade o número de sites de transmissão de sinal de que os operadores necessitam. Coloque essa e outras tecnologias juntas, e os operadores podem construir redes até 50% mais baratas que antes. A Nokia está lançando essas inovações da Tailândia ao Peru. DTAC, a segunda maior operadora de celular tailandesa, está instalando o novo equipamento em Bangkok. "Se isto funcionar, nós poderemos usar este conceito para penetrar em áreas muito mais remotas do interior do país", diz Sigve Brekke, um dos dois CEOs da empresa.

A Dell já traduziu inovações para mercados emergentes em sucessos em seus mercados tradicionais. Depois que o SmartPC decolou na China, em 2001a Dell introduziu uma versão para os Estados Unidos, indo atrás de caçadores de barganhas pela primeira vez. Um ano mais tarde, a Dell deixou que o SmartPC fosse absorvido pela principal linha de produtos ao consumidor, na medida em que as vendas aumentaram. "Nos tentamos aproveitar algumas das melhores idéias, que vimos acontecer em ambientes locais, para transformá-las em produtos globais", diz William J. Amelio, vice-presidente sênior da Dell.

Dell, Nokia e outras gigantes do Ocidente precisam de todas as inovações que puderem reunir, especialmente na medida em que a arena da concorrência muda para os mercados emergentes e elas são confrontadas por um bando de desafiantes agressivos. Huawei, a fabricante de equipamentos de comunicação chinesa, está dando provocando síncopes aos ocidentais em seus mercados domésticos, onde ela conquistou uma fatia de 16% do negócio crucial de *router*, ficando atrás apenas da poderosa Cisco, segundo o IDC. E graças aos preços até 50% menores que os de suas concorrentes, a Huawei está se expandindo por toda parte, da Rússia ao Brasil. Ela já está em segundo lugar no mundo em equipamentos de rede de banda larga, diz o instituto de pesquisa de mercado RHK. "A Huawei tem sido muito agressiva", diz Cicero Olivieri, diretor de engenharia e planejamento da GVT, uma grande empresa de telecomunicações no Brasil.

MUDANÇA DE IMPULSO

O desafio mais sério está adiante. Huawei está despejando dinheiro em sua versão 6 do Protocolo da Internet, ou IPv6, o padrão para a próxima geração da internet, que terá mais segurança, velocidade e capacidade. A China está planejando adotar o IPv6 mais rapidamente que qualquer outro país do mundo. E, se os laços próximos da Huawei com o governo chinês ajudarem-na a tornar-se a pioneira na tecnologia, ela pode dar o golpe em concorrentes como Cisco, Alcatel e Lucent. " As Ciscos do mundo terão de mudar seus modelos de negócio para competir – e tentar suplantar as inovações dessas empresas pequenas e ágeis", diz William Nuti, ex-vice-presidente sênior da Cisco e CEO da Symbol Technologies.

No mundo em desenvolvimento, novos jogadores estão surgindo como obstáculos em um jogo *Super Mario Brothers*. Tome, por exemplo, o próprio negócio de jogos on-line, com mais de 5 milhões de assinaturas mensais. Kim Tac Jin, CEO da NCsoft, está atualmente expandindo em Taiwan, na China, no Japão e nos Estados Unidos – onde 228.000 cópias de seu jogo *City Heroes* foram vendidas nos três primeiros meses seguintes a seu lançamento em abril, segundo o instituto de pesquisa de mercado NPD Group. A chave para o sucesso da NCsoft: a empresa chegou a uma combinação de fantasia e jogo de ação, que é um *hit* entre os jogadores.

> **GRANDE JOGADA**
> Oferecer esquemas *pay-as-you-go* para conquistar o mercado e economias emergentes.

Mesmo a poderosa Microsoft está vulnerável diante das ameaças da concorrência. O sistema Linux está emergindo como uma alternativa viável para o Windows em mercados em desenvolvimento e pode reduzir sua fatia de mercado. China, Japão e Coréia estão colaborando em uma versão de uma pacote de sofware *open-source* grátis. Vários governos estão cogitando de políticas públicas que favoreçam esse tipo de pacotes de software *open-source*, dentre os quais o de Israel, que já decidiu parar de usar os produtos da Microsoft. Essa decisão afeta apenas dezenas de milhares de servidores públicos, porém, se outros países seguirem o mesmo caminho, milhões de seus empregados poderão passar a usar software open-source em vez do Windows e do Office.

A Microsoft não tem uma resposta – pelo menos, não até agora. Em outubro, a empresa, que se negou a fazer comentários sobre o assunto, começará a vender mais barato o Windows na Tailândia, na Indonésia e na Malásia, em um esforço para acabar com a ameaça do *open-source*. Mas, até o momento, ela se recusa a adotar o jogo na China – onde ela teve quatro gerentes gerais em seis anos. "Negócios como de hábito não funcionarão lá. Eles tem de encontrar novas maneiras de fazer as coisas", adverte Jack Gao, que dirige a Microsoft China de 1999 a 2003 e agora dirige as operações na China da fabricante de software Autodesk.

A paciência pode revelar-se o atributo mais importante para as empresas de tecnologia que tentam fazer as coisas andarem em mercados emergentes. A IBM, afinal, está no Brasil há 87 anos. A Hewlett-Packard passou três anos, estabelecendo projetos pilotos na Índia e na África do Sul e esses programas estão finalmente começando a render produtos e a melhorar a vida dos habitantes locais. Tome como exemplo Neelamma, a fotógrafa itinerante. Ela tornou-se uma estrela em uma casa de dois cômodos com um chão de terra, que ela e seu marido canteiro, Krishnamurthy, dividem com seus pais e seu irmão. Quais são os sonhos de Neelamma? "Eu quero comprar uma televisão e um ventilador de teto. E eu quero construir um pequeno estúdio fotográfico em minha casa", ela diz. A vida e as aspirações de uma mulher jovem mudaram com a chegada da tecnologia. Um bilhão de outros consumidores não estão muito longe disto.

Esta matéria de capa de novembro de 2004 foi reportagem de Steve Hamm, Manjeet Kripalani, Bruce Einhorn e Andy Reinhardt.

FONTES

Capítulo 1: Bruce Eihorn, "China.net:Unleashing a World of Opportunity", 15 de março de 2004; http://www.businessweek.com/magazine/content/04_11/B3874012.htm?chan=search.

Capítulo 2: Manjeet Kripalani, "From Overgrown Conglomerate to an Agile Global Force", 26 de julho de 2004; http://www.businessweek.com/magazine/content/04_30/B3893068.htm?chan=search.

Capítulo 3: Jack Ewing, "Making a Bundle Off Old Media in the Former Soviet Bloc", 14 de maio de 2007; http://www.businessweek.com/magazine/content/07_20/B4034065.htm?chan=search.

Capítulo 4: John Rossant com David Fairlamb, "Europe: Can It Grow Again", 17 de novembro de 2003; http://www.businessweek.com/magazine/content/03_46/B38558014.htm?chan=search.

Capítulo 5: Brian Grow com Ronald Grover, Arlene Weintraub, Christopher Palmeri e Michael Eidam, "United States: Hispanic Nation", março de 2004; http://www.businessweek.com/magazine/content/04_11/B3874001.htm?chan=search.

Capítulo 6: Bruce Eihorn com Manjeet Kripalani e Jack Ewing, "More than a Local Hero", outubro de 2004; http://www.businessweek.com/magazine/content/04_41/B3903454.htm?chan=search.

Capítulo 7: Roben Farzad com Cristina Linblad, "Colombia: Extreme Investing", maio de 2007; http://www.businessweek.com/magazine/content/07_22/B4036001.htm?chan=search.

Capítulo 8: Brian Bremmer e Chester Dawson, com Kathleen Kerwin em Detroit, Christopher Palmeri em Los Angeles e Paul Magnusson em Washington "Toyota: Reinventing the Auto Industry", novembro de 2003; http://www.businessweek.com/magazine/content/03_46/B3858001_mz001.htm?chan=search.

Capítulo 9: Stanley Holmes em Seattle, com Drake Bennett em Paris, Kate Carlisle em Roma e Chester Dawson em Tóquio, "Planet Starbucks: Go Global, Grow Quickly", setembro de 2002; http://www.businessweek.com/magazine/content/02_36/B3987052.htm?chan=search.

Capítulo 10: Jack Ewing, "Otto Group: The Modest Powerhouse", junho de 2006; http://www.businessweek.com/magazine/content/06_23/B3987052.htm?chan=search.

Capítulo 11: Kenji Hall e Peter Burrows, "Toshiba: Keeping Innovation Out of Rivals' Hands", dezembro de 2005; http://www.businessweek.com/magazine/content/05_51/B3964044.htm?chan=search.

Capítulo 12: Gail Edmondson, "Tightening the Grip at VW", dezembro de 2006; http://www.businessweek.com/magazine/content/nov2006/Gb20061122_692872.htm?chan=search.

Tendências : Steve Hamm, Majeet Kripalani, Bruce Einhorn e Andy Reinhardt "Tech's Future", novembro de 2004; http://www.businessweek.com/magazine/content/04_39/B3901013.htm?chan=search.

COLABORADORES

DRAKE BENNETT escreveu para o *New York Times* e para a *BusinessWeek*. Mora em Paris.

BRIAN BREMMER é gerente da sucursal da *BusinessWeek* em Hong Kong e editor do canal Ásia para BusinessWeek.com. Anteriormente, ele foi chefe da sucursal de Tóquio e editor de economia asiática. Bremmer ingressou na *BusinessWeek* em 1988 em Chicago. Mais tarde, ele mudou-se para Nova York, onde foi editor de departamento. Em 1993, ele saiu da *BusinessWeek* para trabalhar na Bloomberg News em Tóquio. Ele voltou para a *BusinessWeek* como correspondente em Tóquio em março de 1995. Bremmer é parte da equipe que ganhou o Overseas Press Club Morton Frank Award em 1998 na categoria Best Business Reporting from Abroad. Ele é formado em jornalismo pela Marquette University.

PETER BURROWS é redator sênior na *BusinessWeek*, posto que assumiu no início de 2007. Foi membro da sucursal da revista em Silicon Valley desde 1995, cobrindo vários segmentos de alta tecnologia, incluindo computadores, redes e mídia digital. De 1993 a 1995, foi correspondente na sucursal de Dallas, fazendo a cobertura de tecnologia e do setor de energia.

CHESTER DAWSON foi editor de finanças internacionais da *BusinessWeek*. Antes de ter dessa posição, ele foi correspondente na sucursal da *BusinessWeek* em Tóquio, onde era responsável pela cobertura, dentre outras, das indústrias automotiva e aeroespacial japonesas, além de assuntos diplomáticos concernentes à relação entre Estados Unidos e Japão.

Dawson formou-se com louvor pela Universidade de Ohio, obtendo os graus de bacharel em história e em economia. Ele obteve seu grau de mestre em Estudos Asiáticos pela Universidade de Harvard.

GAIL EDMONDSON cobriu negócios europeus como correspondente sênior da sucursal da *BusinessWeek* em Frankfurt. Anteriormente, ocupou a posição de chefe da sucursal de Roma, posto que assumiu em outubro de 1999.

Em 1994, Edmondson foi designada para o posto de correspondente para tecnologia européia, com base em Paris, onde ela foi responsável pela cobertura das tendências e das companhias do setor de tecnologia em toda a Europa. Edmondson tornou-se chefe da sucursal de Paris três anos mais tarde. Edmondson obteve o grau de bacharel em estudos americanos pela Cornell University e o título de mestre em comunicações por Stanford. Ela foi vencedora de um concurso de bolsas de estudos oferecidas pela Bosch, a fabricante alemã de equipamentos automotivos, que concede a 15 "futuros líderes dos Estados Unidos" a oportunidade de obter um entendimento informado sobre cultura, sociedade e negócios na Alemanha. Ela também recebeu um prêmio da Amos Tuck School of Business Journalism por uma série sobre indicadores econômicos.

BRUCE EINHORN é editor assistente na sucursal de Hong Kong da *Businessweek*. Anteriormente, havia sido correspondente especializado em tecnologia na Ásia. Einhorn ingressou na *Businessweek* em 1993, como colaborador em Taiwan. Antes da *BusinessWeek*, Einhorn foi colaborador em Taiwan do *Los Angeles Times*, do *Asian Wall Street Journal* e do *Journal of Commerce*. Einhorn é fornamado pela Universidade de Princeton. Em 1996 e 1m 1998, ele recebeu o Overseas Press Club's Morton Frank Award pela melhor reportagem de negócios do exterior.

COLABORADORES

JACK EWING é o chefe da sucursal da BusinessWeek em Frankfurt, posição que assumiu em agosto de 1999. Ele é o principal responsável pela cobertura da Alemanha e da Europa Central para a revista.

Como chefe de sucursal, Ewing fez a coberturas que incluem uma narrativa sobre a queda do rei da mídia alemã, Leo Kirch (11 de março de 2002) e um retratado o ex-CEO da Bertelsmann, Thomas Meddelhoff (13 de novembro de 2000). Antes de tornar-se chefe de sucursal, Ewing foi correspondente em Frankfurt, cobrindo estórias que variaram de *raiders* corporativos à reforma das telecomunicações. Ewing fez inúmeras aparições na televisão e no rádio, incluindo BBC-TV, BBC Radio, Deutsche Welle TV e a Televisão Pública Alemã.

Ewing ingressou na *BusinessWeek* vindo da Bloomberg News, onde foi vice-chefe de sucursal em Frankfurt e editor responsável pela cobertura de economia na zona de influência do euro. Antes de mudar-se para a Alemanha em 1994, Ewing foi repórter político e legal do *Harford Courant*. Ele escreveu para o *Christian Science Monitor, Wall Street Journal Europe, Independent, Variety* e para a *Associated Press*. Também participou como comentador nas rádios McLaughlin Group, BBC World, Deutsche Welle e Hessische Rundfunk .

Ewing formou-se pela Hampshire College em Amherst, Massachesetts, e tem o grau de mestre e história pelo Trinity College em Hartford, Connecticut. Ewing é membro do German Marshall Fund European.

DAVID FAIRLAMB, 1951 – 2004, foi o correspondente de economia européia e por vários anos jornalista da área de finanças da *BusinessWeeek*. Ele começou sua carreira de jornalista em 1979 na revista Banker do grupo Financial Times. Ele recebeu três prêmios do New York's Overseas Press Club e, em 2003, o cobiçado Peter R. Weitz Prize, do German Marshall Fund, pela reportagem sobre a expansão européia no Leste. Fairlamb trabalhou no Institutional Investor em Londres, antes de ingressar na sucursal de Frankfurt da *BusinessWeek* em 1999. Era reconhecido por suas coberturas detalhadas e altamente analíticas do mundo bancário europeu, que ele acompanhou por 25 anos.

ROBEN FARZAD editor da *BusinessWeek*, especializado em Wall Street e em mercados, baseado em Nova York. Antes de ingressar na revista em setembro de 2005, Farzad foi repórter em Reston do *New York Times*, depois de ter concluído seu MBA na Harvard Business School, ele esteve na *SmartMoney*. Formado pela Universidade de Princeton, Farzad começou sua carreira no Goldman Sachs Group.

RONALD GROVER é gerente do birô de Los Angeles para a *BusinessWeek*, uma posição que assumiu em 1987. Ele escreveu diversas matérias de capa, incluindo "The Future of California" (30 de abril de 2001) e "Hollywood Heist" (14 de julho de 2003), assim como artigos sobre a Disney, Michael Ovitz, Steven Spielberg e a indústria de mídia e entretenimento. Grover também é o autor do livro de 1991, *The Disney touch*, (McGraw-Hill, 1996).

Grover ingressou na McGraw-Hill Companies, a controladora da *BusinessWeek*, em 1975, como repórter para a newsletter sobre energia da McGraw-Hill em Washington, D.C. Em 1979, ele se tornou correspondente sobre energia da McGraw-Hill World News em Washington, D.C. De 1982 a 1986, ele foi o correspondente no Congresso da *BusinessWeek*, cobrindo questões econômicas e políticas, incluindo reforma tributária, política fiscal e legislação sobre comércio. Ele foi transferido para o birô da *BusinessWeek* em Los Angeles em 1986, como correspondente, cobrindo entretenimento, política e outros notícias de negócios, que ele continua a cobrir em seu posto atual. Antes de ingressar na McGraw-Hill, Grover foi repórter do *The Washington Star*.

Grover é formado em Ciências Políticas e pós-graduado em Administração de Empresas pela Faculdade Graduada de Jornalismo da Universidade Georgetown e é pós-graduado pela Escola Graduada de Jornalismo da Universidade de Columbia.

BRIAN GROW é correspondente da *BusinessWeek* na sucursal de Atlanta. Antes deste posto, Grow foi assistente editorial em Atlanta e correspondente colaborador em Chicago. Antes de ser empregado da *BusinessWeek*, Grow foi executivo da Coca-Cola, da Philip Morris e do European Bank of Reconstruction and Development. Tem grau de bacharel da University of Notre Dame e título de mestre pela John Hopkins University.

COLABORADORES

KENJI HALL é correspondente com base na sucursal da *BusinessWeek* em Tóquio, fazendo a cobertura de tecnologia e ciência. Ele faz reportagens desde o Japão há oito anos. Antes de seu ingresso na *BusinessWeek* em agosto de 2005, Hall passou quase cinco anos na Associated Press, onde ele escrevia sobre economia, ciência e desastres naturais desde o Japão e de outras partes da Ásia. Hall graduou-se pela Universidade de Harvard em 1993 e é natural de San Diego, Califórnia.

STEVE HAMM é redator sênior da *BusinessWeek,* ligado à equipe de tecnologia da informação. Ele escreve sobre tecnologia, globalização, inovação e liderança. Ele também escreve um blog para a BusinessWeek Online, Bangalore Tigers, sobre trabalho *offshore*.

Ele trabalha na *BusinessWeek* há 10 anos, tendo iniciado em Sillicon Valley e, 1999, mudou-se para Nova York em 1999. *Bangalore Tigers*, seu livro sobre o despontar da indústria tecnológica indiana foi publicado pela McGraw Hill Professional Books em 2006.

STANLEY HOLMES é correspondente da *BusinessWeek* no birô de Seattle, responsável pela cobertura de companhias como Boeing, Starbucks e Nike. Ele também produz material sobre as indústrias aeroespacial e de defesa e contribui para o relatório especial anual "Best Global Brands" da *BusinessWeek*.

Holmes é pós-graduado pela Escola Graduada de Jornalismo da Universidade Columbia e é formado em Inglês pela Universidade de Western Washington.

MARA DER HOVANESIAN é a editora do departamento de finanças e bancos da *BusinessWeek*. Antes de ingressar na *BusinessWeek* em maio de 2000, ela cobriu fundos mútuos e finanças pessoais para os jornais *Dow Jones & Co.* e *Knight-Rider*. Seu trabalho foi publicado no *The Wall Street Journal* e em outros grandes órgãos nacionais da imprensa.

Der Hovanesian obteve sua pós-graduação em Economia pela Universidade do Estado da Califórnia em San Francisco em 1990. Foi premiada em primeiro lugar pela Associated Press por textos de negócios em 1996 e ganhou uma bolsa pelo Instituto de Jornalismo Econômico da Universidade de Georgetown em 1986.

KATHLEEN KERWIN foi chefe da sucursal da *BusinessWeek* em Detroit.

MANJEET KRIPALANI é chefe da sucursal da *BusinessWeek* em Mumbai, fazendo a cobertura de negócios, economia e política. Antes de sua mudança para a Índia em 1996, ela foi por muito tempo repórter em Nova York e membro ativa da SAJA. Kripalani graduação pela Bombaim University e foi Columbia University New York Master of International Affairs Buttenweiser Fellow.

CRISTINA LINDBLAD é editora de notícias da *BusinessWeek*. Anteriormente, foi editora para a Europa, responsável por todas as coberturas européias, tanto para as edições domésticas como internacionais da revista. Antes dessa posição, Lindblad foi editora para a América Latina e também desenvolveu coberturas da região para a *BusinessWeek Online*.

Antes de ingressar na *BusinessWeek*, Lindblad foi editora do *Business Latin America*, semanário do Economist Intelligence Unit. Ela escreveu extensivamente sobre questões da América Latina como correspondente e editora associada e trabalhou com editores da região. Antes ainda, ela trabalhou para CBS Reports e para a Associated Press.

Lindblad graduou-se pelo Barnard College e tem título de mestre em negócios internacionais pela Columbia University.

PAUL MAGNUSSON fez cobertura de comércio como correspondente da *BusinessWeek* com base em Washington.

CHRISTOPHER PALMERI é correspondente sênior na sucursal da *BusinessWeek* em Los Angeles. Antes da *BusinessWeek*, Palmeri era o chefe da sucursal Sudoeste da *Forbes*, baseado em Houston. Ele ingressou na *Forbes* como *fact-checker* e trabalhou na sua lista dos americanos mais ricos e ajudou a criar a lista dos artistas mais bem pagos. Palmeri foi selecionado por três vezes para o prêmio "30 under 30" da TJFR para jovens jornalistas financeiros. Ele formou-se pela Lehigh University.

ANDY REINHARDT é correspondente na sucursal da *BusinessWeek* em Paris. É responsável pela cobertura do setor de tecnologia na Europa. Além disso, ele é editor do canal Europa para BusinessWeek.com. Em 1996, Reinhardt ingressou na *BusinessWeek* como correspondente para o Sillicon Valley. Em 1999, foi nomeado vice-chefe da sucursal do Sillicon Valley. Antes disto, ele foi editor executivo do *PCWorld*. Antes ainda, ele era o chefe da sucursal da *Byte* na costa Oeste. Ele é formado por Harvard College e Columbia University Graduate School of Journalism.

JONH ROSSANT foi editor regional da *BusinessWeek* na Europa.

Rossant é formado em História pela Universidade do Wisconsin e participou do programa de pós-graduação da Universidade Americana no Cairo.

ARLENE WEINTRAUB é editor sênior do departamento de ciência e tecnologia da *BusinessWeek*. Anteriormente, ela era correspondente em Los Angeles, fazendo a cobertura de tecnologia, internet, biotecnologia e assistência à saúde.

Mais recentemente, Weintraub escreveu as matérias de capa "Forever Young" (2006), "Biotech Frontier" (2004) e "I Can't Sleep" (2004). Ela recebeu a medalha de ouro da American Society of Business Publication Editors por seu trabalho sobre o sono e uma medalha de bronze pela matéria "Genentech's Medicine Man" (2003).

Weintraub graduou-se pela University of Pennsylvania e é pós-graduada pela Journalism School da Northwestern University.

ELEVE SEU JOGO AO PRÓXIMO NÍVEL COM OS LIVROS DA COLEÇÃO *BusinessWeek*

Conheça também

As regras do jogo BusinessWeek

Liderança: as regras do jogo
Marketing: as regras do jogo
Estratégia: as regras do jogo
Globalização: as regras do jogo
Empreendedorismo: as regras do jogo

O JOGO JÁ COMEÇOU.

Visite o site: businessweek.com/powerplays

ELEVE SEU JOGO AO PRÓXIMO NÍVEL COM OS LIVROS DA COLEÇÃO *BusinessWeek*

Conheça também

MARKETING — As Regras do Jogo
Como os Melhores Marqueteiros do Mundo Alcançaram o Topo
Aprenda na prática as melhores dicas e jogadas para vencer
Nobel

As regras do jogo — BusinessWeek

Liderança: as regras do jogo
Marketing: as regras do jogo
Estratégia: as regras do jogo
Globalização: as regras do jogo
Empreendedorismo: as regras do jogo

O JOGO JÁ COMEÇOU.

Visite o site: businessweek.com/powerplays

ELEVE SEU JOGO AO PRÓXIMO NÍVEL COM OS LIVROS DA COLEÇÃO *BusinessWeek*

Conheça também

As regras do jogo — BusinessWeek

Liderança: as regras do jogo
Marketing: as regras do jogo
Estratégia: as regras do jogo
Globalização: as regras do jogo
Empreendedorismo: as regras do jogo

O JOGO JÁ COMEÇOU.

Visite o site: businessweek.com/powerplays

ELEVE SEU JOGO AO PRÓXIMO NÍVEL COM OS LIVROS DA COLEÇÃO *BusinessWeek*

Conheça também

As regras do jogo BusinessWeek

Liderança: as regras do jogo
Marketing: as regras do jogo
Estratégia: as regras do jogo
Globalização: as regras do jogo
Empreendedorismo: as regras do jogo

O JOGO JÁ COMEÇOU.
Visite o site: businessweek.com/powerplays

COLABORARAM NESTE LIVRO

Supervisão editorial Isabel Xavier da Silveira
Produção gráfica e direção de arte Vivian Valli
Assistente de produção Kim Hyppolito
Preparação de texto Sílvia Andrade
Revisão Talitha Mattar
Composição FA Fábrica de Comunicação
Capa Etcetera Editora

FICHA TÉCNICA

Impressão Geográfica Editora Ltda.
Papel Offset 75g/m² (miolo), Cartão Supremo 250g/m² (capa)
Tipologia Frutiger Light 10/13

Para preservar as florestas e os recursos naturais, este livro foi impresso em papel 100% proveniente de reflorestamento e processado livre de cloro.